だいわ文庫

無敵の思考

ひろゆき

JN096632

大和書房

はじめに
――「考え方」で人は〝幸せ＝無敵〟になれる

◇ロジックで世界は動く

はじめまして。「ひろゆき」こと、西村博之と申します。

最初に自己紹介をしておくと、僕はこれまでネット掲示板「2ちゃんねる」の元管理人だったり、「ニコニコ動画」を作っていたり、最近では英語圏最大の匿名《とくめい》掲示板「4chan」の管理人をやっています。

そういった、システム作りに関わってきたのですが、システムを作る作業よりも、そのシステム上にどんなコンテンツができていくのか、どんな人がいたりするのかを観察することが好きです。

だから、「システム上はできるだけ自由で開けた状態にしておきたい」という思想があります。

まあ、その根底には、「人は悪いことなんてしない」という性善説《せいぜんせつ》の考え方があるわけなんですがね。

世界にはシステムがあって、そのシステムの下でロジック（論理）に従って人や物事が動いていく――。

そういう考え方が僕にはあるので、自分自身、論理的に考えて論理的に結果を出すという生き方を実践しています。

そうすると何がトクかというと、**幸せに生きることができるのです。**

世の中には、お金があれば幸せになれると思っている人がいます。お金だけじゃなく、「能力があれば」「頑張り続けたら」「ポジティブ思考だったら」と、いろいろな思い込みをもって自分が今、不幸であることを悲観する人がいます。

でも、これはかなりの部分が幻想であって、思考停止に近いと僕は思っています。

そして、「考え方」さえ変えれば解決できる話だったりします。

たとえば、お金がなくたって時間が潰《つぶ》せて楽しければ、究極は何でもいいはずです。

マンガを描いたり、ひたすら踊ったりしてもいいんです。

それなのに、カラオケが趣味だと言って、「お金を払って歌をうたわなければいけない」と思い込んでいるのは、実は損をしています。YouTubeを再生して家でうたっている分には、お金なんてかからないわけですからね。

そういった考え方が他の場面でもできれば、自分が楽しく生きる上で、「お金がないと成立しない」という思い込みはなくなるはずです。

でも、たったこれだけのことでも、多くの人が実践できません。

だから、もう少し大きな枠組みで話をしようと思います。

◎会社員って奴隷じゃね？

エジプトのピラミッドは、奴隷《どれい》が造ったという認識を誰もが持っているはずです。

けれど、実際に働いていた人たちは、パンやビールなどを毎日もらっていたんですよね。1日働いたらパンとビールを給料としてもらえて、その頃の現場監督の日記では、当日に来ない人だって結構いたといいます。「二日酔いだから来ない」とか言って来ないわけです。

だから、本質的には実は奴隷ではなく、給料がもらえない代わりに個人の選択の上で働いていたのです。

来ない人を無理に連れてくるとコストがかかるから、給料が欲しくて来る人には働かせて、パンとビールを与えた。

でも、来たはいいものの、「パンがまずい」「ビールがまずい」というクレームもすごく多かったようです。

これを知って、どうでしょう。

今の会社員と、昔の奴隷と言われる人たちは、実はあんまり変わらないと思いませんか。

おそらく多くの会社員は、給料や働きがいなどの見返りがあるから働いているはずです。そして現在の価値観で見ると、「ピラミッドを造った人たちは奴隷だよね」と普通に思っています。

けれど、今の会社員が給料というものをもらって、ずっと言われたことをやり続けてイヤな思いを我慢していて、たまに過労死や自殺で命を落としてしまっているわけです。

そうすると、もしかしたらこの先、何百年後かには、「会社員って奴隷じゃね？」と思われてしまう気がするわけです。まあ、「ちょっと違うだろう」という反論は来るかもしれませんけどね。

◎「自分の時間」から逆算する

大前提として、僕たちは「幸せ」を感じるために、ゲームをしたり映画を見たりするという趣味や自分の時間が必要です。

そこから人生を逆算して考えてみましょう。

仮に、幸せを感じるために1日「3時間」の時間を使うとします。

その「3時間」を確保するために、必要最低限の「食うためのお金」を稼がなければいけません。つまり、生きるためのコストがかかります。

そこからさらに、「3時間」のためにお金がかかる人であれば、そのためにお金を稼ぐ必要が出てきます。

さらに多くの人は、生きていく上で、「生活レベルを上げる」という選択肢をとりがちでしょうから、そのベースアップのお金も必要です。年齢とともに給料が上がっていく「右肩上がりの時代」であれば、同じ労働時間でも生活レベルを上げていくことが可能でしたからね。

けれど、今はそういう時代ではありません。給料が上がらないのに生活レベルを上げるとなると、物理的に労働時間を増やさなくてはいけません。

そうして、仕事が忙しくなってくると、「忙しい」「時間がない」と言い訳をして、自由な時間や趣味の時間を削りはじめて、楽しみをどんどんなくしていく生き方になっていきます。

そして、**幸せを感じる「3時間」がゼロに近くなってしまったら、それこそ奴隷に近い状態だ**と僕は思うんですよ。

つまり、「生活するのにお金がかかる」「楽しみを感じるためにお金をかける」という生き方をすればするほど、そのために稼がなきゃいけないので、奴隷の状態に近くならざるをえません。

◇ランニングコストは上げるな

生活を続けるお金、つまりランニングコストが高いと、そもそも、「仕事を辞める」という選択肢がなくなってしまいます。すると、どんなにイヤなことがあっても、「言われたことはちゃんとやらなきゃいけない」というマインドセットになります。

これが別に、生活レベルが低ければ、「じゃあ辞めるわ」と言って簡単に会社を辞めて、他の仕事を始めたりできます。

給料は下がってもタダで楽しめるのであれば、食う分だけ稼いで楽しい生活をするという生き方をしたっていいはずです。

特に、大学生のときにアルバイトをしていた人は、割とそんな人が多いと感じます。バイトで稼いだお金を丸ごと遊びに使う、ということを当たり前にしていて、お金がないならないなりに、友達の家でダラダラ遊んで楽しむということもできます。

でも、社会人になってランニングコストを必要以上に上げてしまった結果、楽しむためではなくて、**その上がったランニングコストを維持するために時間を使い続ける人が多いのです。**

こうなってしまうと、不幸な人生から脱け出せません。

たとえば、「家賃が上がる」というのは、僕にとってはものすごくマイナスなことです。論理的に考えれば、人間は寝てしまえば意識がないので、部屋はベッドの面積だけあったらいいわけです。


僕が外食をしない理由も、それに近いです。

自分が食べたことがないものを食べさせてくれるのであれば、知的好奇心が満たされるので行ってもいいですけど、スーパーで手に入るものを食べさせてくれるお店となると、得られる知的好奇心は別にありません。

「おいしかった」という精神的な満足はあるかもしれません。

でも、精神的満足はお金を払わなくても得られたり、別のもので代用することができたりします。

そういうものに僕はお金を払おうと思いません。

つまり、知的好奇心と精神的満足は、分けて考えるべきでしょうね。

◇自分の軸で生きる〝無敵の思考〟

さて、ここまで読んだ多くの人から、「お前は金を持っているからそう言えるんだろう」と言われてしまいそうなので、ちゃんと説明をしておきます。

僕は、お金がなかった学生時代に、「もしお金があったらどうなんだろう?」と、シミュレーションして考えてみたことがあります。

高い食べ物が必ずしもおいしいわけではないし、広い部屋だとそれだけコストがかかって面倒だし……、というように、一つ一つの項目を考えてみました。

すると、そんなにお金が必要じゃないという結論に達したのです。

その後、「2ちゃんねる」を開設して、たくさんのお金が手に入りました。

でも、シミュレーションどおりだったので、僕の生活スタイルや考え方はそれ以前とほとんど変わっていません。

つまり、**お金があったって、なくたって、僕は自分の軸で幸せを感じることができているんです。**

「考え方」次第で、人は〝無敵〟になれます。

けれど、多くの人はそれができていません。

たとえば、期待値が1を下回るギャンブルは、やり続ける限り絶対に損をします。お金に余裕があって、損をすることを前提でやっているのなら別にかまいません。

でも、**なぜか「自分だけは大丈夫だ」という非論理的な考え方をしてしまいます。**

そして、「わかっているけど、やめられない」という言い訳をします。

そんな人に向かってできることは、「論理的に正しくないよ」と言い続けることしかありません。

とはいえ、ただ正論を並べただけではつまらないと思うので、「なるほど、そういう考え方もあるのか」と、一つ一つ納得してもらえるように、僕の考え方を書いていこうと思います。

無敵の思考

CONTENTS

第 2 章

これだけで勝てる「能力と仕事」のルール

ルール 8

「記憶力」を気にしない — 94

嫌いな人はサッサと忘れよう

「記憶」と「本能」の関係

ロジックで補完すればいい

固有名詞ではなく「エピソード」で覚える

目が悪くてもトクをする理論

脳は「美人補正」をする

第3章 これだけで損しない「お金」のルール

序章

そもそもの「ルール」論

◇「ルール」が人生を100倍ラクにする

僕の考え方を紹介する前に、**「ルールを決めておく」**という根本的な思考法があるので、まずはそれを説明しておこうと思います。

日常生活を過ごしていると、いちいち考えなくてはいけない選択肢が、いろいろとあります。コロンビア大学の教授が調べたところ、平均的なアメリカ人が選択できることは1日に70個ぐらいだそうです。

情報を入手して選択をするというのは、かなりエネルギーがいることです。

たとえば、食事に行くとメニューを見て食べるものを決めるわけですが、それだって面倒なことです。なので僕は、自分で払うときは一番安い料理を見つけて、それでよさそうだったらそれを、それがイヤだったら2番目に安いものを探すという感じで、機械的に決めています。つまり、**選択肢を無意識に減らす生活をしています**。

逆に、誰かにおごってもらうときは、一番高いものを頼めそうならそれを頼むようにしています。

他にも、飲み物を頼むときは、飲んだことがないものを優先的に選ぶようにしています。スティーブ・ジョブズがずっと同じ服を着ていたことや、オバマ元大統領が、ほぼ同じスーツを着ていたことは有名な話ですが、あれも選択する回数を減らすためです。

貧乏な人と金持ちの人では、生活のストレスが違うという話もあります。たとえば、300円のパンを買うか買わないかという場面では、貧乏な人は迷いがちですが、金持ちの人だと欲しければ買うだけなので迷いません。

そんなわけで、金持ちのほうがストレスなく生活ができます。

ちなみに僕は、「基本的に買い食いはしない」というルールを持っているので、買わないという選択肢を迷わず選べるわけです。

ということで、**「いかに物事を決めないでルールに従って暮らすか」**というのは、一見すると怠惰《たいだ》のススメに思えるかもしれませんが、迷わないためのルールを決めるとストレスの少ない生活ができます。

◇同じ日本でも「ルール観」が違う

ビジネスの世界では、バレない限りは多少のルールの逸脱《いつだつ》は許容されちゃったりすることが多いです。

たとえば、嘘でも褒めまくって商品を売ったり、コピーソフトを使っている会社があったり、セクハラやパワハラ、サービス残業が当たり前の会社もあります。

東京オリンピック・パラリンピックのエンブレムを手掛けていた佐野研二郎《さのけんじろう》さんが、サントリービールの景品のデザインをパクっていた問題がありましたが、「スタッフがパクっただけで、僕じゃないから！」という主張をしていました。

佐野さんの生きているビジネスの世界では、こういう説明で乗り切れたのだと思います。

一方でスポーツの世界では、ルールをものすごく厳格に扱います。

高校野球で校内暴力事件があると、甲子園への出場を辞退したりしますよね。まったく関係ない生徒たちにとっても、ルールを守らないメンバーがいたら、「連帯責任」というかたちで、全員の責任であると教え込まれるわけです。

前にも、関東学院中学校高等学校の生徒による万引き行為が見つかって、そのうちの2名が野球部だったということで、野球部全体が活動自粛《じしゅく》になりました。

オリンピックのエンブレムに話を戻すと、2020年東京オリンピックの大会組織委員会は、「(景品のデザイン問題は) 他社の案件で組織委とは無関係である。エンブレムについては、問題はまったくないとする立場に変わりはない」と言っていましたけど、**これはビジネスの論理でルールを解釈した場合です。** 政治の世界でも、「秘書のせいだ」と言うことで許されることが多いわけです。

一般的にも、残業の例を見れば明らかです。「自分のことだけを考えて言った意見は悪だ」というところがあって、「みんなが仕事をしています。でも自分は帰りたいです。だから帰ります」ということが許されません。

でも、決められた契約条件の中で、つまりルールに従ってきちんとやっていれば、責められる謂《い》われは一切ないはずです。

そんなわけで、**日本のビジネスの世界ではルールは曖昧《あいまい》にされますし、明文化されないことが多いです。**

ただし僕は、先ほどのメニューの話で機械的に注文を決めておくように、ルールはハッキリと言葉にしておいて、それに従ったほうがいいと思っています。

◇法が先か、和が先か

僕はアメリカに留学していたときがあるのですが、アメリカは、「ルールが絶対」というところがあります。「**ルールで決まった以上、それはルールです**」ということです。

日本であれば、「赤信号を渡ってはいけません」と言われていても、「車が通っていないときに渡ってもいいじゃん」という、ルールとは別に「モラル」という基準があります。

「モラル的に正しければ、別にルールは破ってもいいよね」という価値観です。

でも、アメリカにはそれがなくて、どんなときであれルールは絶対に正しい。

なので、ルールに従わなかったら罰則があり、文句があればその都度ルールを変えるという、すごくわかりやすい仕組みになっています。

僕の考え方も、それに近いです。

今、僕はフランスのパリに住んでいるのですが、フランスの大型スーパーで食べ物を捨てることが禁止になりました。要するに、賞味期限切れのものを捨てることが違法になったのです。

もし日本であれば、「じゃあ、その廃棄の処理はどうするの？」とか「その廃棄にかかるコストはどこから出すの？」という細かいところまで決めないと法制化できません。

つまり、「法律が決まっちゃったので、あとは勝手にやってください」ということが、日本ではやりづらいのです。

フランスの場合、文句を言う人がいても、「政府が決めたので、以上、終わり」というざっくりした進め方です。

「和《わ》をもって貴《とうと》しとなす」という言葉がありますが、和が成立したものを明文化したのが法律です。

だから、日本ではすべての問題を解決した上で、つまり「和」が先でその後に法律を定めます。

一方で、法治国家であるヨーロッパやアメリカの場合は先にルールを作ってやってみた結果、「和」になるという順番です。

◇「なんとなく生きる」と絶対に損をする

少し長くなりましたが、これがルールに対する考え方です。

だから僕は、**「こういうときは、こうしておこう」というルールを先に決めます。**

それで実際に、「これ、違うな」と思ったら、その都度見直してルールを変えます。

なんとなく生きていると、いろいろ迷ってストレスが溜まりますし、衝動的・感覚的に判断をしてしまって絶対に損します。

だから、自分でルールを決めて、それにちゃんと従うという生き方は、これから話を進めるにあたって大前提になります。

さて、ここからは、そういった生き方をしてきて体系化させた僕のルールを、コスパがよくてトクするものや幸せを感じられるものを中心に紹介していきます。

第 1 章

これだけで幸せになれる「考え方」のルール

ルール

1/21

何事も最初は「仮説」を立てる

◇成功している人が考える「最悪」とは？

僕のまわりで成功している人に多いのが、「ホームレスになる覚悟がある」という考え方をする人です。ホームレスになったら、誰を頼ればいいか、どこから食料を調達するか、自分の能力の中ですぐにお金を稼げるものがあるか……、そういったことが頭の中で描けているのです。

要するに、「最悪の状況を考えておく」ということを、前もってきちんと認識できているわけです。

最悪の状況を考えておいて、「それでもちゃんと暮らせるよね」という想定ができていれば、リスクを取っておもしろいことにチャレンジできます。そのチャレンジがあるからこそ、今、成功しているという逆の見方もできますね。

堀江貴文《ほりえたかふみ》さんもホームレスになっても大丈夫な派ですし、チームラボの猪子寿之《いのことしゆき》さんも、家を持たずに彼女や友達の家を転々とする生活を以前にしていました。

「お化けが怖い」というのと一緒で、わからないものには恐怖心が現れます。では、具体的に何が怖いのかを一つ一つの要素で考えていくと、実はそこまで怖くないということがわかると思います。

堀江さんの思考法はまた少しズレていて、「死んだあとのことを考えることは無意味だから、俺は死なないと考える」と言っています。

たしかに、死なない前提ですべてを組み立てればいいというのは一理あります。まあ、論理的にはそうだとしても、一歩間違えれば、「この人、何言ってんの？」となるわけですがね。

逆に、そういう想定ができない人で優秀な人を、僕は見たことがありません。

成功している人は、たとえ楽観的に見えても、どんな些細《ささい》なことでもシナリオを数パターン考えて、最悪のシナリオまで考え抜いて、そのシナリオの精度を上げるために情報を集めたり、人を動かしたりすることが当たり前にできているのです。

つまり、「仮説を立てるクセがついている」ということです。

◇宇宙飛行士の論理的思考

僕は、頭がいい人と話すのが好きです。

たとえば、宇宙飛行士には頭のいい人が多いです。


以前に、アメリカのテキサスで、宇宙飛行士の訓練を取材することがありました。

そこで驚いたのは、**少しのやり取りだけでスムーズに訓練が進んでいくことでした。**

理解がすごく早いのです。

そのときは、国際宇宙ステーションに設置されているカメラを使って月を撮る訓練をしていました。

事前にそのマニュアルが渡されていて、構造もすぐに把握して必要最低限で訓練は終わりました。


そんな中で、ロシア、アメリカ、日本の宇宙飛行士の方に質問する場があったのですが、それがとても印象的でした。

僕は3人にある同じ質問をしました。

それは、「自分の国以外の一人と宇宙に行くとしたら、どこの国の人がいいですか？」という質問です。

僕の中では、3人とも同じ答えをするだろうと、ある仮説を立てました。

アメリカとロシアは宇宙開発で競争をしているので、お互いを指名することはありません。国際関係上、中国もないだろうと。

そうすると、自ずとヨーロッパの国に絞られます。ヨーロッパの中でも、フランスやイギリスなどのイケイケな国だと分が悪い。

という政治的な事情を直接的に口に出さずに、なんとなく笑いに逃げるだろうなと予想しました。

そして、第一候補はイタリア、第二候補はスペインだと僕は踏みました。

すると、3人ともが、「陽気な人が多いからイタリアだ」と答えたのです。

おそらく仮説どおりのことを考えてくれたのだと思って、「やっぱり頭いいな」と感じました。

◇おもしろい「返し」をする人

頭がいい人とする会話は、時に自分の考えとは違う考え方を教えてもらえたりもするので、「へー、こういう視点でものを考えるんだ」と学べて嬉しく感じることもあります。

雑談レベルであっても、「こういう情報があるよ」というのを教えてくれる場合もあります。

先ほどの宇宙飛行士に、「宇宙人はいると思いますか?」という質問をしたら、「すでにたくさんの宇宙人が地球に来ているかもしれないけど、めちゃくちゃ小さすぎて見えないのかもしれない」と言う人がいて、これも納得してしまいました。

必ずしも人間と同じ大きさの必要はありませんし、何光年も遠くに行くのであれば、ロケットの機体も小さくて、燃料も少なくて済みます。おそらく生物として小さいほうが効率がいいでしょう。

おもしろい返しをサッとその場でしてくれる人は、本当に頭がいいんだなと思います。

このように、ただたんに雑談やおしゃべりをして共感を得ることが好きというのではなく、「仮説の検証」が好きということです。

こういう考えを持っていると人生でトクをするなと思っていて、たとえば、「道に迷う」ということも好きになります。

あえてスマホを使わずに、太陽の位置や人の流れを見て仮説を立てて、間違ったら次を試して、いかに正解の場所にたどりつくかという遊びをしたりします。

今の時代、正しい情報があって正しい結論に至るというのは、合理的な考えができる人であれば誰でもできることです。グーグルマップを開いて指示どおりに行けば、誰でも目的地に着くわけです。つまり、スマホさえ持っていれば、基本的にみんなの情報量はたいして差がつきません。

効率よく正しい情報にリーチできるかどうかは個人差があると思いますが、そこで競い合っても意味がありません。

それよりは、**「これは情報ですよ」と明示されていないものの中から情報を抽出することくらいしか「人間としてやれること」はないわけです**。それが楽しめるかどうかは、意外と人生が楽しめるかどうかにつながってきます。

◇コンピュータには「ない」能力

なんとなく〝あたり〟をつける能力というものがあります。

たとえば、ファッション業界の人が、「今年はオレンジ色が流行《はや》るだろう」などと言ってそれが当たることがあります。こういったことは、たぶんコンピュータを並べて計算しても正解が出ないことじゃないかと僕は思っています。

なぜなら、正解がわからないからです。

「なんとなくこんな感じだろう」とあたりをつけるのは、流行りはじめたタレントがつけがちな色だったり、世間のOLさんがその色をつけることが増えているとか、その人によって見ている視点があって、そこでだんだん根拠が増えていく気がするからです。

コンピュータの場合、最初に決めた数字を選びとっていきます。直接的に関係しているもので相関を関数で出して、数式にしちゃうんですよね。

何度もシミュレーションをしていくと、「ここところは関係ないようでいて実は関係する」ということが計算でわかるのですが、流行の色のようなものは結果論であって、シミュレーションができません。

結果として流行の色が出てしまって、その理由としての答えがないままに毎年同じことが繰り広げられるわけです。

たとえば、今年にイエローが流行ったとして、結果として来年にはわかるのですが、今年にどういう人がどういう動きや考え方をしたのかは、決してシミュレーションすることができません。

将棋やオセロのように、条件がすべてわかりきっているものは、コンピュータに情報を入力すればシミュレーションができますが、「いったい何の情報を入れていいかわからない」あるいは「莫大な情報がありすぎる」というものは、結局わからないまま時間が経っていきます。

そこの何をもって決めつけるかという「ふわっとした部分」は、わりと人間に残る部分なのではないでしょうか。

「風が吹けば桶屋が儲かる」みたいに、直接的に関係がなさそうだけど、結果として関係していることを飛躍して予想できる能力が、人間にはあるということです。

そして、それを磨くのが「仮説を立てる」ということでもあるのです。

◇「あの人が言うことは絶対」は疑え

仮説の検証の際に気をつけたいことに、「**アナウンス効果**」というものがあります。ファッションリーダー的な人が「今年はオレンジが流行ると思うんだよね」と言うと、それを信じる人たちが周りに大勢いるので、そのとおりに動いてしまう、という現象です。

ネットで株をしている人で、有名な勝ちパターンがあります。ある程度の実績がある人しか使えないのですが、「〇〇株を買おうと思っている」ということを買った後に言ってしまうのです。

すると、その意見に追随《ついずい》する人がたくさん現れて、結局は最初に買った本人が勝ち逃げできるというわけです。

そういったアナウンス効果もあるので、そうなるとマーケットは関係なくなってしまい、「その人が言うことは絶対に正しい」ということになってしまうのです。

やはり、「なんとなくあたりをつける」という能力を磨くには、観察しながら仮説を立てる、ということをするしかないと思います。おそらくファッション業界でも、観察力がある人が正答率を上げて生き残っているはずです。

たくさんの人が身につけていればおしゃれかというと、流行りすぎておっさんが身につけはじめたら今度はダサくなってきたりします。要するに、数では計れない能力です。

余談ですが、僕が子どもの頃は、パンタロンは仮面ノリダーが穿《は》いていてカッコ悪いものというイメージでしたが、ヒッピーブームが戻ってきておしゃれになりました。よくわからないものです。

◇簡単に「頭よく見せる」方法

少ない情報の中でも、「実はこういう考え方をすると、その答え出るんですよ」というパターンと、「これとこれをつなぎ合わせると、実はこういう情報になるよ」というパターンが、人として重要な能力になってきます。

それはもちろん仕事でも使える能力だと思いますし、試行錯誤が楽しめると何より人生が楽しくなります。

「仮説を立てる」というと、ＭＢＡのように特別な思考法をしているように聞こえるかもしれません。

けれど、特に難しいことをしているわけではなく、たとえば僕は人と会ったときに、いくつか質問をしてその人のモデル化をしたりします。

「こういう仕事で、こういう人は、こういう考えをするだろう」という予想をぶつけてみて、合っていたら「○」、間違っていたら「×」で修正するだけです。

そういうことをする内に、ある程度、数パターンのモデルが見えてきます。すると、「このパターンだったらこうかな」みたいな質問を投げると、突然当たったりして、「洞察力がある」みたいに頭がよく見えてトクすることがあります。「仮説を立てる」とはこんなものなのです。

◇外国は仮説の宝庫

人間観察が好きな人は意外と多いと思うのですが、僕もわりと好きです。

特に、外国人や外国の文化は日本とかけ離れていることが多いので、「なぜ?」と思ったことを、仮説を立てて検証することがあります。

たとえば、ドイツは飯がすごくまずいと言われています。たしかに、そんなにおいしいレストランは多くありません。

ご飯がおいしいことに、そんなに重きを置いていない国民性であって、日本は食文化が豊かなせいで味に細かいので極端に違います。

ある本で読んだ話では、近所に新しいレストランができて、いつも行っているレストランよりおいしかったとしても、1ユーロ高ければ、「そんな高いお金を払う必要はないな」などと言って、二度と行かないそうです。

あと、僕のアメリカ人の友達は、毎日同じものを食べます。チキンブリトーみたいなものを、栄養的には十分で冷凍で安いからという理由でした。

このような「自分にはない感覚」の人を楽しもうとすることが、仮説を立てるクセをつけるにはもってこいだと思います。

ポイント

- **なんとなくあたりをつける**
- **情報とされていないものを注視する**
- **自分にない感性を楽しむ**

ルール

2/21

「年上」の言うことは聞いておく

◇当たればそれでいいし、外したら見下せばいい

ルール1の「仮説を立てる」とは、一見、真逆なことに思えるかもしれませんが、情報が少ないときに限ると、「自分の頭で考える」ということが必ずしも正しいと思えないことがあります。

「下手の考え休むに似たり」ということです。

どういうことかというと、たとえば会社の先輩から、「こうしたほうがいいよ」と言われたとき、あなたならどうしますか。

ケースによると思いますが、相手が先輩の場合、本当に正しいかどうかを判断するだけの情報を自分が持っていないことが多いのではないでしょうか。

たとえば、就職したばかりの20代の人によくあるのが、「こうしたほうがいいよ」

と言われたときに、「そんなわけねえだろ」と思って従わないということです。

でも、わりとバカ正直に従ってみたほうが絶対にいいと僕は思います。「年上の言うことは聞いておく」というのが僕の中のルールとしてあります。

なぜなら、やがてその20代の人が先輩と同じ立場になったときに、**「あ、あのとき先輩が言っていたのは、実は正しかったんだ」とわかるパターンと、「あいつ本当はバカなだけだったんだ」とわかるパターンの2つがあるからです。**

前者であれば、それはそれでいいし、後者であれば自分の直感が正しかったことがわかるわけです。

ただ、どちらも従ってみないとわからないんですよ。

だから僕は、年上の人が言うことで、「そうかな？」と思うことでも、結構真に受けることがあります。

それが間違っていた場合は、ちゃんとその人を見下しますし、合っていれば、その人は自分と違う情報とものの考え方をしているけど、「ちゃんと学び取ろう」と思えるのでトクします。

芸能界のえらい人は、みんな「先生」と呼ばれています。漫画家や作家も「先生」と呼ばれますよね。僕ははじめ、弁護士に「先生」を付けるのが嫌でした。別に対等な立場と思っていましたからね。

ただ、年上の言うことを聞くのと同じで、**実は「先生」を付けて呼ぶことには、何のデメリットもない**と気づいたんです。しかも、それで相手が気をよくします。けれど、もし「先生」を付けないと、中には気を悪くする人に出くわすかもしれません。「えらい」と言われているカテゴリーの人には、そういう地雷が発生する確率が高かったりします。それがどの人かわかりませんから、「じゃあ全員、とりあえず先生って呼んどけばいい」というのが無敵の状態なわけですよ。

◎利用できるものは「すべて」利用せよ

「頭がいい人と話すのが好きだ」と前述しましたが、「頭のよさ」は、実はものすごく難しい尺度です。

そして、「情報量」次第で結果が決まる部分もあるので、**いくら頭がいい人でも、情報が足りていないと、間違った結論を導くことがあります。**

そういう意味では、先輩や年を取った人など、同じ業界に長くいる人というのは、それなりに情報が多いわけだから、まずは情報の多い人の判断を仰《あお》いで従う、というほうが、賢くて効率がいい考え方ではないかと思うんです。

だから、最初の話に戻ると、僕は、「自分の頭で考える」ということが絶対的に正しいとは思えません。

会社の中で、上司の言ったことをそのままやり続ける人がいるとします。そういう人を見ていると、たしかに「バカだな」と思うのですが、ただ、その人は上司には絶対に好かれます。結果として、上司に好かれたほうが、会社ではものすごく居心地がよくなるので、下手に自分で考えて何かやるよりは、**「言われるがまま、ひたすらやる」というほうが、結果、正しいことが多いです**。

ある程度、全体の情報が見えてきてから、「こっちのほうが、もうちょっとうまくいくんじゃないの？」みたいなのを考えてもいいでしょう。

「先人を敬う」というのは、若者に嫌われがちな格言ですけど、先人であれ何であれ、僕は、利用できるものはすべて利用しつくせと思っています。

◇「少し下の立場」がいちばんトクする

それは、「戦略論」の問題でもあります。

他人の指示に乗って、真に受けて失敗したときに、まず自分のせいにならなくて、相手の欠点になるので立場がよくなります。

だから、従っているときに少し腑《ふ》に落ちない気持ちになるだけで、後で絶対に損することがありません。

うまくいったらいったで、「よかった！　さすがじゃないですか」と言えば、相手も気持ちよくなって関係性もよくなります。

まあ、本当に失敗したらダメなプロジェクトであれば、間違っていると思えば言ったほうがいいんですが、そのへんはバランスです。

五分五分くらいであれば、「これは相手に乗っといて、相手の責任にしとけ」と割り切りましょう。

賢い人だと、「ひょっとしたらこうじゃないですかねぇ」みたいな言い方だけしておいて、**「自分は他の案を持っていたけど、出しませんでした」というアリバイだけ**

残しておくのもアリですね。

だから、「俺が絶対に正しいんだからついてこい」と言える人は、相当リスキーだと思うので、僕は恐くてできません。

そういう男気のある人の少し下の立場にいるほうが、実は最もいい思いをすることができます。

男気のある先輩パターンのモデルは、かなり単純です。

このパターンは、言われたら必ず元気な声で「はい」と言うか、頭を下げるかということをやっていればいいからです。

「ちゃんと相手を立てる」という姿勢を守っておけば、絶対に好かれます。これを守って好かれなかったパターンは、見たことがありません。

逆に、無口な人のほうが、パターン分類しづらいので対応がめんどくさかったりします。

◇スキルとしての「体育会のノリ」

社会的に体育会系が好まれる理由で、「理不尽《りふじん》への耐性が高い」というのがあると思います。ロジカルに生きたいと思っているのですが、世の中って結構理不尽です。その理不尽さには一度慣れたほうがトクです。

お金持ちの家に生まれて、「お父さんの会社にそのまま就職しました」みたいな人以外は、必ず理不尽を経験するでしょう。

僕に体育会系のイメージはないかもしれませんが、そのノリの経験はあります。中学では剣道部でしたし、高校のときにトレーニング愛好会という団体にいました。あとは、大学でキックボクシングをしていたこともあります。体育会系の人は、体育会系ルールを守っている限りは、絶対にかわいがってくれます。

だから、スキルとして体育会系の扱い方を学んでおくだけで、人生で損しません。

体育会系とは逆に、感情的な人が僕は苦手です。冷静に情報を出したときに、すぐに感情論で言い返してくるような人です。女性に多い印象ですが、もちろん男性にもいるタイプです。こういう人は、体育会系のルールが通用しません。こちらが言ったことを細かく覚えているので、根に持つことが多いんですよね。

意見がぶつかると、「逆らった」というふうに捉えられるので、とにかくポジションとしては逆らわないように十分に気をつけます。

エンジニアの世界だと、8〜9割が男性で女性のほうが少ないのですが、女性のほうが適応能力も高くて優秀な印象があります。就職活動で優秀な人を取ろうとしたら女性ばかりになった、という話をよく聞きますが、うなずけます。

僕が女性と仕事する上で決めているルールは、**「ちゃん付けで呼ばない」**ということです。一定の距離を保たないと、まわりがどう見ているかわからないので、ヘンな噂が立ちます。

女性コミュニティを敵に回してうまくいった人を、僕は見たことがありません。

まあ、今どき女性にえらそうな男も、かなり減ったと思いますけどね。

ポイント

- **相手を立てるのはコスパ最強**
- **アリバイを作って責任回避**
- **女性コミュニティを敵にしない**

ルール

3/21

「根拠のない自信」を持つ

◇「自信がある人」のほうが人生は楽しい

お金があるかないかにかかわらず、幸せそうに生きていたり楽しそうだったりする人は、「根拠《こんきょ》のない自信」を持っています。

その逆に、エリートの人だと、自信の裏に明確な根拠があったりします。

たとえば、東京大学を出て、大手の企業に入った人がいるとします。その人は、たしかに根拠があるから自信があるのですが、その大企業をクビになってしまったら、その瞬間にとんでもなく不幸を感じてしまうはずです。ステータスという拠《よ》って立つものがなくなるからです。

けれど、「根拠のない自信」を持っている人は、根拠がないのだから、拠って立つものもなくて、だからその自信は崩しようがありません。

たとえば、全然知らない人が10人集まったとします。そのときに何か全員でやらなきゃいけないことがあったとしたら、**主導権を握る人は、「自信ありげにしゃべる人」です**。学歴が高かったり、実は賢かったりしても、おどおどしゃべる人は主導権を握れないわけです。

『錯覚の科学』（文藝春秋）という本の中で、こんな心理実験を紹介しています。正しいことを言う弱気な人と、間違ったことを自信満々に言う人で、どちらに従うかという実験です。

間違ったことを自信満々に人が言っている状況で、「あれ、こいつ間違ってるな」と気づいている人もいるのですが、それでも自信を持っている人に対抗しようとしません。

結果、自信を持っている人が、物事を思いどおりに進められてしまうのです。

そして、自分の思いどおりに物事を進められる人のほうが、人生はやっぱり幸せになる確率が高い。つまり、無敵になれます。

なので、「根拠のない自信を持つ」というのは、楽しく暮らす上ですごく重要だというのが僕の中の結論です。まあ多分、僕の中には「根拠」があるけど客観的に説明できないという言い方もできますけどね。

ちなみに例をあげると、**「世の中の6割くらいの人ができるもの」は絶対に自分にもできる**という自信があります。

縄跳びの二重跳びだと、普通の人がすれば6割以上ができると思うので、こういうことは僕も100％できると思います。

普通の人ができることは絶対できるから大丈夫、というところがどこかにあります。あと、僕は自分に優しいので、失敗したときは運のせいにするし、うまくいったときは自分の実力だと思い込みますしね。

◇相手を怒らせたほうが有利

ルール2の「体育会系の話」で述べたように、僕は剣道とキックボクシングをかじったことがあります。これも実は、「根拠のない自信」の裏付けになっていたりします。

たとえば、僕のように適当に生きていると、人を怒らせることがあります。怒られると相手に謝るわけですが、**何か最悪なことが起こっても、絶対に一方的に殴《なぐ》り負け**

ることがない、ということを心のどこかで思っているわけです。

要するに、相手が殴りかかっても、時間を引っ張り続けて、被害者として社会的に勝つか、殴り負けないかという選択が取れるからです。

基本的に、「しょせん、相手がどんなことをしてきても、自分は大丈夫だ」という自信を持っています。

だから、相手が怒ったとしても、僕はあまり気にならないんですよね。

「あ、怒ってる、怒ってる」と思って、どうせ殴られたとしても、致命傷にならない殴られ方をしておけば、被害者としてポイントが稼げるわけです。

実は、僕がアメリカに留学したときのお金は、交通事故の賠償金《ばいしょうきん》で賄《まかな》ったんですよね。わりといいお金をもらえたので、怒らせて殴られるというのは金銭的にトクすることなんです。

かと言って別に、わざと怒らせているわけじゃないですけどね。

相手がボクサーとかなら別ですが、一般人レベルでケンカになって、一方的に大ケガをするということは、僕の場合はまずありません。それは結構、根拠のない自信を持つ上で重要ではないかと思います。

◇日本にいるだけで「イージーモード」

言い方は悪いかもしれませんが、僕はどんな人でも相手のことをナメている部分が心のどこかにあります。

それは「**しょせん、同じ人間じゃないか**」という広い考えがあるからで、アメリカに留学したときに感じはじめたことです。

どういうことかというと、英語が一切しゃべれない状態でアメリカに行ったので、はじめは相手が言っていることが全然わかりませんでした。

それを体験していると、日本では絶対に相手が言っていることがわかるわけなので、つまりゲームとしては「イージーモード」なんですよ。

言葉が通じないと、「相手が言っていることはわからないけど、物事を押し通さなきゃいけない」という状況が出てきます。

今、僕はフランスで生活をしているのですが、アメリカ留学のときと同様に、フランス語を全然知らないまま来たので、その感覚はまだ持ち続けています。

それに比べると、「**だって、日本語が通じるでしょ**」と思えるので、**日本人であればどんな人が相手でも、「すげえ余裕」と感じるわけです。**

だから、キックボクシングをかじったのと留学をしたという経験は、僕の中で重要でしたね。

◇「心の余裕」をつくる戦略

動物的な恐れは、人間であれば誰しも必ず持ってしまうものです。

それを一切持たない練習が必要というか、やっぱり怒鳴られると人は萎縮《いしゅく》するじゃないですか。

でも、先ほども述べたように、僕は相手が怒鳴っているときは、むちゃくちゃ楽しいんですよね。

要するに、感情的になっているということは、能力値がすごく下がっている状態なわけです。その状態であれば、相手にヘマをさせたり、僕が被害者であることを周りに認知させたりすることができます。

相手が感情的であればあるほど、自分の手段が増えます。

相手を怒らせて、もし第三者がいる場合は、「すごく謝っているかわいそうな僕」という評価を作ることもできます。

そうやって自分のカードを増やしていきます。

ただ、そこで大事なのが、**相手が怒ることで自分が萎縮してしまうと相手が有利になってしまう**ということです。

だから、それに負けない練習をしておくと、人生で非常に有利になります。

他にも、「このタイプは逆ギレしたほうが勝てるな」と思ったら逆ギレしますし、相手が怒鳴った後に、わざと物を蹴ったりもします。

どんな人でも、大きな音がすると一瞬止まります。

そして、僕の知る限り、5秒以上怒り続けられる人はいません。

だから、何かで一瞬止まると、怒りメーターが下がります。そうすると、ポジションが入れ替わるのです。

いきなり格闘技をはじめるのが難しい人なら、覚えておいてほしい戦略ですね。

◇「声の大きい国」が主導権を握る

僕は、トランプ政権をおもしろいなと思って見ていたのですが、それにも「根拠のない自信」に通じる部分があります。

というのも、中期的にはトランプがやっていたことは正しい気がしていて、アメリカに限らず中国やロシアなど、**「国際的合意とモラルを守らない国」は幅を利かせて案外うまくいっています**。一方でモラルをちゃんと守ろうとする国は、トクをしていません。

経済の例でいうと、中国の衣料品がたくさん作れているのには、ちゃんとチェックがされていないということも理由としてあって、チェックを厳しくすると、コストが高くなって安く物が作れません。

また、トランプが好き勝手に、「メキシコに工場を作るんだったら国境税をかけるぞ」ということを言うと、トヨタ自動車が雇用を作るようになったりして、コミットせざるをえなくなっていて、アメリカ経済はトクをしていたわけです。

つまり、行為としては品がないのに主導権を握ってしまっているという意味では、「根拠のない自信を持つ人」と同じだということです。

中国やロシアではメディア関係の人がよく殺されますが、そうして情報コントロールをすると政権も安定して長続きするわけです。

人を殺すのはよくないですが、結果としてそういう政権がうまくいってしまいます。

そういう意味で、**世界レベルで教科書的な正しさが実は正しくないという時代が来ているのではないか**と僕は思っています。

たぶん、10年くらいすると、ＩＳＩＳ（イスラム国）だってイスラエルみたいに普通の国になっているような気もします。

イスラエルも元々はテロでパレスチナに住んでいる人を追いやって成立させた国ですからね。

それが今やうやむやになって先進国のようになっているわけです。

◇正義の基準がズレていく日本

「やった者勝ち」という言葉があるように、行動が先にあって理由が後から追い付いてくるということもあります。

日本は地政学的に他の国のことを割と気にしませんが、その変化の差は大きくなってくるでしょう。

トランプ政権下だったために、大きなニュースになりませんでしたが、２０１９年に就任したカリフォルニアの知事はマリファナ合法論者です。

すでに、シアトルのあるワシントン州やコロラド州は合法ですし、フランスのパリでも、歩いているとマリファナのにおいがします。でも、別に逮捕されることはありません。

パリ北駅というパリでいちばん大きい駅があるのですが、その横には、ヘロインとコカインを打つ人が使う医療センターがあります。そこでは注射器を貸してくれて、お医者さんと看護師さんが検査をしてくれて、それらを打って帰れます。

「コストがかかるし、いちいち逮捕してもしょうがないよね」ということになっているわけです。

それとは逆に、日本は規制が厳しくなってきていて、世界と比べて正義の基準の差がどんどん開いていますけど、どうなるんでしょうね。

ポイント

- **自信を示して主導権を握る**
- **怒らせた側は有利になる**
- **正しいから上手くいく訳ではない**

ルール

4/21

「モノづくり」をする

◇消費者は一生、幸せになれない

幸せかどうかは、消費者のままかクリエーターになるか、ということでも分かれると僕は思っています。

「はじめに」でも述べたように、楽しさや幸せを、「お金を使うことで感じる人」は、一生幸せになれません。

それは、幸せを感じ続けるためにお金を使い続けなくてはいけないので、アラブの石油王であれば別ですが、多くの人には限界があるからです。

「これさえ買えば幸せになれる」ということを、多くの広告は謳《うた》っているわけですが、それを追い求めるうちは絶対に幸せになれません。

消費者のままの人生から抜け出すためには、クリエーターになるという方法しかありません。モノづくりをする人は幸せを感じることができますからね。

たとえば、「絵を描いて幸せ」や「写真を撮って幸せ」「文章を書いて幸せ」などということです。

これらは、**「お金をかけなくても幸せになれる手段」なので、それを持っていると、自分の時間さえあれば、その分だけ幸せになれます。**つまり、時間があればあるほど幸せを感じられる〝無敵状態〟になれるわけです。

ただ、お金をかけなくては幸せになれないと思い込んでいる人は、それを買いに行くための時間と、そのためのお金の両方が必要です。

そして、そのお金のために、「さらに働く」という時間も必要です。

単に時間があれば幸せになれる人よりも、ものすごい量のコストがかかります。

ここでのモノづくりやクリエーターというのは、別に本業でなくてもかまいません。本業で好きなものを作れる人というのが、いちばん幸せなわけですが、仕事終わりや休日にやったっていいわけです。

◇モノづくりの「環境」を作ろう

そうすると、スマホだけを持っていてパソコンを持たない人というのは、おそらく人生で損をするだろうな、と僕は思っています。

どういうことかというと、たいていのことは今スマホでできるので、「スマホがあればパソコンいらないよね」という人が増えていますが、じゃあ、「きちんと絵を描いてみよう」とか「ブログで長い文章を書こう」といった場合に、スマホではキツいわけです。

パソコンに慣れている人のほうが、モノづくりの活動はうまくできます。パソコンは初期投資がかかるイメージがあると思いますが、今では大きな投資をする必要もなく、ソフトもタダで手に入ります。

だから、「自分の時間でモノを作る」ということがやりやすいし、SNSにアップすれば、そのうち評価されてもっと幸せを感じるかもしれません。

それが、パソコンを持っていない人は、「持たなくてもいいや」「パソコンって難しそう」という先入観があるので、その考えはなくしたほうがトクです。

アプリでできるのであればそれでもいいですけど、人から評価を受けられる音楽をスマホで作るのは、まだまだ難しい印象があります。

だから、「必要がないから別にパソコンはいらない」と言っている人は、消費者のままいるのですから、実は人生で損しているというわけです。

まあ、**その手段はパソコンじゃなくても、料理器具でも大工用品でも、なんでもいいんですけどね。**

それに、「趣味が散歩です」という人もわりと多くて、別にお金をかけないで楽しめるのであればそれでいいわけです。

僕はゲームが好きなので、ソーシャルゲームをときどきやることがあります。

ただやるのではなく、「無料でできる範囲で、課金しなくてもここまではいけるな」みたいなのを見極めるのが好きです。

「これ以上は課金しないと無理だ」と思ったり、「ああ、だいたいこういうことね」というところまでわかると、途端に興味がなくなります。

何が言いたいかというと、**お金を払ってゲームのキャラクターを強くすることには何の意味もありませんが、お金を使わないで、頭を使ったり、試行錯誤をしたりする「ゲーム性」が大事だ**ということです。

僕は、そういうことをしているときに幸せを感じます。

なので、モノづくりはしていませんが、消費者としての幸せとはまた違っているのでOKなわけです。

つまり、かっこいい言い方をすると、与えられた条件の中で最適化をするという訓練をしているのです。

◇「お金をかけず」に遊ぶレッスン

わかりやすい遊びだと、ポエムを書いたり、音楽を作ったり、プログラムを書いたりということなどが挙げられると思います。

でも、そのように簡単には言い表せない遊びだってあります。

たとえば、僕は歩いている人を見ていて、「この人が次に何をするんだろう?」ということを予想したりします。電車に乗ったら、次の駅で最初に降りる人を予想することもあります。

つまり、**日常生活でクイズを作って、それを解く**ということをしています。

こうしたことだって、立派な遊びのひとつだと僕は思っています。

そんなクイズをやっていると、「主婦っぽい人はターミナル駅でよく降りる」「マニアックな駅はサラリーマンがよく降りる」ということがわかったりします。

「夕方だと友達の家に行くかもしれないけど、昼間はたぶん目的があるだろうから、大きな駅で乗り換えるだろう」「サラリーマンだと結構マニアックな、小さい会社に訪問とか営業とかがあったりするので、小さい会社のある小さい駅で降りる可能性もある」というように、仮説を立てて考えてみると電車に乗っている時間も意外と飽きません。

テレビで誰かが言っていて僕もたまにやることで、「デパートに入った瞬間に、トイレの位置を当てる」という遊びがあります。

国にもよりますし、日本であればだいたい1階にトイレがあるのですが、そういう国は少ないです。

まず1階にはほとんどありません。そうすると、一番近いところでいうと、上の階に行くか地下に行くかです。パッと見たときに、壁の構造上で、トイレは必ず壁際にあって真ん中にあることはありません。

入り口の構造を見たり客の流れを見たりして、地下に食品売り場やレストラン的なフロアがあればそこには100%、トイレがあります。

地下がないパターンであれば、上から降りてくる人の流れや持っているもので推測をします。

そして、客の動線からは遠いほうがお店の売り上げが多くなるので、基本的に奥にあったりもします。

ということを、少ない情報の中から判断するのです。

◇「ボーッとする」もバカにできない

お金については第3章以降で詳しくお話ししますが、ここで紹介したスキルは意外とバカにできません。

モノづくりじゃなくても、別にボーッとしているだけで1日楽しいということも、非常に大切です。

「はじめに」でも述べたことですが、快楽を得るためにお金が必要になる人は、人生のランニングコストが非常に高くなります。

そういう人に限って、だんだん高いものが欲しくなり、高級な料理を食べたくなり、高級車に乗りたくなります。

そこの欲と向き合うことをせずに、ただ欲のままにそれを満たし続けるのは、不幸な結末しか待っていません。

「これだけしていれば満足」というものを見つけましょう。僕の場合は、映画を見ることなのですが、長距離の飛行機で12時間くらいならずっと見続けることができます。

まあ、自慢になるのかどうかわかりませんがね。

ポイント

- **消費者マインドを抜け出す**
- **お金をかけない楽しみを作る**
- **欲望は大きくなりつつ連鎖する**

ルール 5/21

イヤなことは「自己正当化」で消す

◇自分を100%正当化する方法

僕は、「自分のことが嫌いになるようなことをしない」ということを徹底しています。イヤな思いをしたときに、「なんであのとき、ああしなかったんだろう」と後悔する理由を、前もって作らないということです。

たとえば、電車の中で隣の人に足を踏まれそうになっているとします。

そんなとき、僕だったら、**「足を踏まれてイヤな思いをするだろうな」と思ったら、その場で注意します。**

あるいは、注意するという手段を取らなかったときは、そのほうが正しかったのだと納得します。

だから、「注意しなかったせいで足を踏まれて腹が立つ」という思いをすることは絶対にありません。

「足を踏まれたけど、でもそれは注意しない選択肢のほうがよかったから正解だったんだ」と思えます。つまり、**「イヤな思いをし続けること」がなくなるんですよね。**

こういった自己正当化は、幸せに生きるために必要なスキルの一つです。

相手を注意しても、注意しなくて足を踏まれても、それは自分が選んだ選択だから、自分の「好き」に準じているという「**無敵の思考**」です。

こういう考え方ができなくなると、「自分のことが嫌い」みたいな意味のない自己嫌悪が出てきます。

少しスピリチュアルな話に聞こえるかもしれませんが、自我が持っている「自分の好きなもの」「自分の好きな人」「こういう自分が好き」という部分に根差したルールにはちゃんと従うべきです。

だから、「本当に自分がそれを好きでやっているのか」がわからないときもたまにあるんですけど、それくらいがちょうどいいわけです。

◇「まずいもの」は存在しない

「食べたことがない食べものは、必ず食べる」というルールも僕にはあります。まあ、気持ち悪い虫は食べないんですけどね。

「何かおいしいものを知りませんか?」ということをよく聞かれるんですが、僕は、まずいものがわかりません。

「まずい」というのが、何をもってまずいのか、実は、人それぞれみんな違う意味で言っています。

その中には、味がないものを「まずい」と言う人がいます。でも、それは味が薄いだけで、別にまずくはないと言えます。それとは逆に、塩が多すぎたりして、強い味がまずいと言う人もいます。

辛《から》いものがまずいと言うのも、「それは『辛い』だよね」と僕は思っていて、厳密には「この味付けをこう思う」という判断であって、「これはしょっぱいから好きじゃないな」とか、「これは辛すぎるな」とか、「これは味が薄いな」と言い出すと、**「じゃあ『まずい味』ってどんな味?」となって、実は存在しなくなります。**

まあ、僕が思い当たるのは、石油のような味だとビニールっぽいので、これが多分

「まずい」に近いんだろうなと思うくらいです。

「苦い」も「まずい」に近いですが、苦味がおいしい食べものもあるわけです。

だから、「苦い」も、厳密には「まずい」ではないので、やはり「まずい」って、あんまりない。

「まずいもの」が存在しないという考え方をすると、次のルール6で説明しますが、「好奇心を満たす」という意味で、イヤなことが回避できて、絶対にトクをするのでおすすめです。

◇考え方ひとつで「感じ方」は変わる

少し余談ですが、オーストラリアなんかでよく食べられている「マーマイト」という、野菜を発酵させた黒いペースト状の食べものがあります。パッと見、チョコレートクリームっぽくて、それをパンにつけて食べます。それを食べた日本人の多くは、「まずい」と言います。

ただ、あれは見た目が黒いからチョコレートだろうと思って、甘いものとして口に入れるからギャップが生じて「まずい」と思うわけです。

植物が発酵したものなので臭みがありますが、イカの塩辛だって臭みが強いですし、甘くもありません。

それと同じで、**ちゃんと説明を受けて、「こういう食べものなんだ」と知って食べると、別にまずさは感じなくなります。**これも考え方の違いだけです。

要するに、自分が想像したものと違った場合に、それを「まずい」と呼んだりするんですけど、それを置いておいて、「純粋にどういう味なの?」と思って食べればいいんです。

それでいうと、生の肉や魚の味が僕は好きなのですが、「食べものの味がわかる」「美食家だ」と言っている人で、寿司にしょう油を付けている人は全員嘘つきだと思っています。白身魚にしょう油を付けたら、しょう油の味だけになるじゃないですか。だから、「味わかるんだったら、しょう油いらなくね?」と思うんですよ。

僕は味付けが薄いのが好きなので、寿司もしょう油を付けません。

別に、食通ぶらなくて、単に「しょう油の味が好きだから寿司が好き」という人はいいんです。スイカに塩を付ける人も、「それは塩が好きなだけじゃん」と思いますしね。

◇「自我の自分」と「物理的な自分」

たかが食べものの話と思うかもしれませんが、こうした自己正当化は、幸せに生きるための最強スキルです。

世の中には、「自分のことが嫌いだ」という人がいますが、そうなってしまうと、人生がキツくなります。おそらく、**「自我である自分」と「肉体や知能などの物理的な自分」を分けて考えているから起こる**のだと思います。

つまり、自我の自分が物理的な自分を嫌っているという状態です。

こういう考え方をしていると、自己嫌悪をしてとにかく不幸な人生なので、「二人の自分」は一致させなくてはいけません。そのためにも自己正当化する思考法は身につけておきましょう。

ポイント

- **選んだものは好きなもの**
- **感じ方は考え方で変わる**
- **「自分が嫌い」は意味がない**

ルール

6/21

「知的好奇心」をすぐに満たす

◇プラスの感情は「後づけ」できる

お見合い結婚は、離婚率が低いそうです。

最初からそこまで好きじゃないとわかっている状態で、ある程度妥協《だきょう》した関係から始まっていると、期待値はもともと低いので、少しずつ「この人のここが好きだ」ということを認めていけるからです。つまり、最低点から上げていく加算方式のパターンですね。

「もともとそんなに好きじゃないから」という気持ちもあるので、決定的に揉《も》めることも少ないかもしれません。

しかし、恋愛結婚であれば、相手のことが「大好き」から始まって、「やっぱりそんなでもないな」「ここが嫌いだな」という減点方式をとります。

ここで言いたいのは、別に恋愛結婚よりお見合い結婚のほうが幸せだということではなく、**「何かを好きになる」というのは、実は後から自分の感情をコントロールできるのではないか**ということです。

要するに、「好き」というのを、後から自分に思い込ませるということです。僕はこれをたまに意識的にやることがあります。

たとえば、飛行機に乗るときに、エコノミー席を取ったとします。隣に誰が来るかわからないという状況です。

そのとき、僕は奥さんに、「超デブが隣に来ると嬉しいな」と言い出します。「デブでおっちゃんとかだと特にいいよね」とかいうことを、冗談で言ったりします。

そうすると、もし本当にデブのおっちゃんが隣に来た瞬間、不思議と嬉しくなるんですよ。「ほら来たよ」とか言って。

実際は、狭くて息苦しいはずなんですけど、予想が当たったことで嬉しくなって、そこまでイヤじゃない自分がいて、なぜかいい意味で騙《だま》された気持ちになれます。

◇「どこまで嫌いか」を試すのもアリ

そういうわけで、「イヤなものが好きになる」という自己暗示が、たまに成功することがあります。

だから、すごくイヤなことでも積極的にやってみるとイヤじゃなくなって幸せに生きられるというわけです。

こういうことを、昔からやっていたりします。

それは、ルール1の「仮説の話」と同じで、「どれくらいイヤなのか、一度確認してみよう」という考え方です。

僕は、海やプールに友達と行くのが嫌いです。特に、大浴場的なところが嫌いです。人に裸を見られるのがイヤで、といっても別に体に何かあるわけじゃありませんが、基本的にそういうところに誘われたら断ります。

それがどこまでイヤなのかを試してみようと思って、若い頃に友達に頼まれたオモシロ下着モデルをやったことがあります。

おもしろい下着を着て、何百人も見ている前に出ていくのですが、そこまでやってしまうと、**「めちゃくちゃ嫌いなことをやり切ったらどう思うんだろう」という好奇心に変わったのです。**

やってみると案の定、嫌いであるということがわかりましたがね。

ただ、なんとなく嫌いだったのが、「どの部分が嫌いか」ということを、ちゃんと実感としてわかるようになりました。

まあ、赤の他人に裸を見られるということは、その後の自分の生活には何の影響もないこともわかりましたしね。

自分が何をイヤだと感じるかをちゃんと知るという、「知的好奇心を満たすためにイヤなことをやってみる」というのは、僕の中のルールでは、許せることだったりします。

そういう意味では、考え方次第でイヤなことがそんなになくなっちゃうんですよね。これは、ルール5の「まずいがなくなる話」と似ています。

◇「耐性」を増やしておく

僕はたぶん、バンジージャンプみたいにしょうもないことで死ぬ気がしています。「あ、ここで死ぬんだ、こいつ」という最期になるような気がしていて、頭を使うようなことでは生き残れる自信はありますが、調子乗る系のことで死ぬようなイメージを勝手に持っています。まあ、それを試してみようと思って一度やってみたんですが、もうやらないと決めました。

あと、「**海外旅行に行くと必ず生水を飲む**」ということもあえてやっています。現地の人は必ずその水を飲んでいるわけですから、耐性がつきます。耐性は多ければ多いほど人生でトクなのでやるわけですが、翌日にスケジュールが空いているという状況であれば、最悪、下痢《げり》になってもいいわけです。だから、**トイレにこもってもいいという覚悟の上で生水を飲むということを必ずやるようにしています**。まあ、インドは別格すぎるので絶対に飲みませんがね。

余談ですが、すごくおいしい牡蠣《かき》の食べ方というのがあります。

生食用の牡蠣と加熱用の牡蠣の違いは、世間ではあんまり知られていないと思うのですが、あれは別に鮮度が違うわけじゃありません。

牡蠣を獲《と》ってきて、真水に3日間漬けて消毒したものが、法律上、生で食べてよい牡蠣として売られているだけです。栄養のないところの真水で、ずっと循環されているので、牡蠣の脂が落ちた状態のものが生牡蠣として食べられるわけです。

そうすると、加熱用の牡蠣は、そういう工程を経ていないので、味はめちゃくちゃおいしいんです。ただ、ノロウィルスにかかる可能性はあります。

だから、「ウィルスにかかってもいいや」という感じで、3日くらい人に会わない自信があるなら、加熱用の牡蠣を生で食べてみると、すごくおいしいですよ。牡蠣がおいしいと言われるお店で食べる生牡蠣なんかより、加熱用の牡蠣のほうが全然おいしい。まあ、おすすめはしませんが、そういう考えもありますよという話です。

ポイント
- **好きは後付けできる**
- **考え方でイヤは変えられる**
- **加算方式の考えは幸せを生む**

ルール

7/21

自分が「寝たいとき」に寝る

◇「朝が弱い」は強みにできる？

ここまで読んできた人はわかるかもしれませんが、僕はめちゃくちゃ自分に優しい。

世の中には自分に負荷《ふか》をかける人がいます。

でも、負荷にも種類があって、僕はここまで紹介してきたような僕自身のルールに従うことはあるのですが、それは絶対に自分で論理的に従うべきだと決めていることです。

絶対に自分が正しいように正当化する考え方なのですが、その中でも他人から見て一番無理そうに思えるものを最後に紹介しておこうと思います。

それが、「**朝、起きられないので平気で遅刻をする**」というものです。

◇コンスタントに「70点」を叩き出す

遅刻にも正当な理由があります。

僕が人に呼ばれるのは、「何かアイディアを考えてほしい」「何かおもしろいことを話してほしい」ということを期待されるからです。

つまり、「時間どおりに来て座っていてくれる人だから」という理由で僕を呼ぶ人はあんまりいないわけです。

まあ、だからサラリーマンとして働けないんですけどね。

相手からは、僕が「どう頭を使うか」ということを期待されて、それで声がかかります。

その理由であれば、僕は記憶力もよくないですし、知能指数もそんなに高くなくて、頭のいい人が１００点だとすると、感覚的にいうと70点くらいなわけです。

でも、**「１００点の人が徹夜続きで疲れている」となると、その人は能力値が下がって60点とか50点になったりします。**

僕は絶対に無理して起きることはないので、体調管理がすごく万全です。すると、70点をほぼキープすることができます。

そして、仕事の種類的に打席数が多くないので、「代打として毎回きっちり70点の仕事をする」という働き方ができるわけです。

サラリーマンだと毎日働くと思うのですが、僕は毎日働きませんし、**サラリーマンであっても、毎日が「ここぞ」という人はいないと思います。**

そういう考え方をしないと、たとえ優秀であっても、「100点の日もあれば、50点の日もあるよね」というムラのある印象になってしまうわけです。

◇「ゲームしてて遅刻」を正当化する方法

僕は打席数が少なくていつも体調は万全なので、70点をずっと叩き出せる。だから結果として、僕は優秀に見えてしまうんですよ。

この理論を正しいと思い込んでいるので、「寝ていて遅刻する」ということを合理的に自分に説得できるのです。

だから、「今寝ると、3時間後に起きなくちゃいけないけど、これは遅れるな」と思っても、「申し訳ないですが、寝ます」という判断を自分に許します。

体調管理という言い方をしましたが、やりたいゲームがあったり、観たい映画があったりすれば、それを優先しますけどね。

それは僕の人生の中の優先事項なので仕方のないことです。


それに、まともな社会人はそんなにゲームができないですし、映画もそんなに観られないと思うので、**「ゲームや映画は、こういうおもしろいものですよ」という彼らの持っていない情報を与えるのが僕のアドバンテージだったりします。**

なので、時間を割《さ》いてゲームをちゃんとやることが、結果として僕にとって意味があるんだということを信じて、相手にもそれを説明することで、正当化しているわけです。

そういう意味で、「自分を正当化する」というところには、かなり負荷をかけているので、結果的に自分には優しいと思います。

まあ、みなさんは完全にマネできないかもしれませんが、優先順位を決めるヒントくらいにはなるかと思います。

◇ネットの世界は遅刻に寛容

遅刻という話に関連させて、ニコニコ生放送みたいなネット動画と地上波のテレビ番組の作り方はまったく違うものだなと思うことがあります。

テレビの作り方は、そつのなさのレベルがすごく高いです。お金もすごくかけているので、コンテンツの作り方としてはネット系は勝てないでしょう。

ただ、唯一勝てそうだなと思ったのが、予定どおりに進まない可能性があることに対しての許容範囲です。決めたとおりに進まないことに対して、テレビはものすごく拒否感があります。

つまり、「こういうキャスティングでブッキングして、こういう台本で進行します」という筋があって、それが成立しなさそうな要素を極力排除した作り方をします。テレビだから、ドタキャンしたり遅刻したりする人はテレビに呼ばれなくなります。テレビでちゃらんぽらんな感じを演じているような人も、時間に関しては絶対にきっちりしているはずです。

そこにネット系の勝ち目があると思っていて、すごくおもしろい人だけどドタキャンする可能性がある人なんかを積極的に呼べば成立するかなと思っています。

テレビだと予定に穴があいて大問題なんですが、ネットだと許されますからね。

とにかく、**多くのサラリーマンは「時間どおり」に生きることを強《し》いられるわけですが、そうでない道も案外ありますよ**、という話です。

ポイント

- **ムラのない人は優秀に見える**
- **人が知らない情報に価値がある**
- **自分に優しくできる環境はある**

第2章

これだけで勝てる「能力と仕事」のルール

ルール

8/21

「記憶力」を気にしない

◇嫌いな人はサッサと忘れよう

運がいいことに、僕は記憶力がとても悪いです。

なぜ、運がいいかというのをこれから説明していくのですが、とにかく人の名前も顔も、自分が言ったことも覚えられません。

記憶力のいい人は、「前にこんなこと言ってたよね?」ということを、一字一句、間違えないで言えるわけですが、僕はそれがまったくできません。

でも、それでトクすることもあって、それは、「**イヤなことも忘れられる**」ということです。

記憶力のいい人は、「あの人が嫌いだ」ということが長く続きがちです。その嫌いな理由もいちいち覚えているわけです。

僕も、生きているうちに嫌いな人は出てきますし、なんとなく「あの人が嫌いだ」ということは覚えていたりするのですが、なぜ嫌いになったのかということはすぐに忘れてしまいます。そうすると、そのうちその人が嫌いだったことも忘れてしまうのです。

だから、「あ、お久しぶりです」と声をかけると、「あれ、前にケンカしましたよね？」と驚かれることがあります。

日本を離れてパリにいる今、嫌いな人はもうほとんどいなくなりつつあります。

まあ、関わったら面倒になる人というのはちゃんと覚えているんですがね。

イヤな思いをずっと記憶し続ける人は、そのストレスをずっと感じ続けるわけです。

僕が3日で忘れてしまうことを、1年も覚え続ける人は、それだけで100倍以上のストレスを受けています。だから僕は100分の1のストレスですむので、記憶力がないことがとてもトクなのです。

◇「記憶」と「本能」の関係

冒頭で、記憶力が悪いことが「運がいい」と述べたのですが、それにはひとつ理由があります。

僕の経験上、両親の仲が悪かった人ほど、子どもの頃に記憶している年齢が低いのです。

僕は小学生のときの思い出は、入学式と紙ヒコーキ大会のことくらいしかありません。当時の友達にいろいろと言われたら思い出しますけど、脳の奥底のところにあって、なかなか引き出せません。

たとえば、ヘビに噛まれた人はヘビを必要以上に恐れますし、犬に噛まれた人は犬を怖がります。つまり、**危害が加えられたものをちゃんと記憶しておくことで生存率を上げる**という本能の部分が働いているわけです。

そうすると、両親がケンカしたり、もしくは親から殴られたりした場合、動物的に身の危険を感じてそこから記憶が始まります。それが記憶のスタート地点ということになるわけです。

僕の場合はそれがなかった、つまり両親の関係がうまくいっていたから、そういう経験をせずにすんだわけです。

だから、揉めない両親の下にいたおかげで記憶力が悪く、運がよかったといえるわけです。

◇ロジックで補完すればいい

また、遺伝的にもある程度の記憶力が決まると思います。

だから、両親が揉めなかったとしても、遺伝的にめちゃくちゃ記憶力がいいという人はいるはずです。

それに、ひとり親の人の記憶力は実はとても高くて、子どもの頃に「こういうことがあった」ということを鮮明に覚えています。

その力を生かせたら、受験勉強や資格試験などでうまくいくのでしょうが、逆に、僕は記憶力が悪かったことでトクをしているので、記憶力はあってもなくてもなんとかなるわけです。

人によっては記憶力が悪いことを能力の欠如として、「損なことだ」と捉えるかもしれませんが、それは職業や生き方によると思います。

それに、僕は記憶力がない代わりに、「毎回ロジックで同じ答えを出す」ということを意識してやっています。

打ち合わせなどで前に話したことはまったく覚えていませんが、**ちゃんとそのときに論理的に考えておけば、同じ人と同じサービスの話をしていると、話しながら論理を追っていって同じ結論が導けるわけです。**

もし、前回と違う結論になった場合は、それは前とは違う情報が増えているからであって、そうすると前に決めたことに引っぱられることなく、そのときどきのベストな答えが出せます。

ビジネスなどでもよく、昔の成功例に固執《こしつ》して失敗してしまうケースがありますが、そういう意味でも、記憶力がないことは非常にトクなことです。

あと、ネットの仕事が主なので、メールを探せばいくらでも出てきますし、わからなかったらすぐに調べればすむ話です。

いわゆるクイズ王みたいな人は、これからの時代にきつくなってきます。

検索エンジンを使える小学生とクイズ王が戦ったら、早押しという条件でない限り、クイズ王は負けますからね。

◇固有名詞ではなく「エピソード」で覚える

話の内容なんかも、細かく覚えることはせずに目次のような感じで覚えています。

人の名前ごとやあいうえお順で並んでいるのではなく、**似たようなエピソードでまるっと括《くく》って覚えているという感じです。**

なので、ある話をしているときに似たような話として変なところから別の引き出しが開くことがあります。

つまり、記憶の収納の仕方は、その人によって全然違うということです。

ただ、固有名詞で覚える人は損じゃないかと僕は思っています。

というのも、固有名詞を覚えてもしょうがないということを大学生のときに思い知ったからです。

アメリカに留学したときに中国人の友達がいて、三国志の話になったときです。

僕は、三国志については詳しく知っていました。

そして、三国志のことを僕は知っているということを説明するときに、「諸葛亮《しょかつりょう》がいてさ」とか、「張飛《ちょうひ》や劉備《りゅうび》がさ」という知識はすべて固有名詞でしかないわけです。

つまり、固有名詞が日本語なので、中国語で言えないわけです。

だから、「三顧の礼」の話をしたいときにも、外国人相手では、固有名詞だけでは何も伝えることができません。

ただ、そのときに、「魏《ぎ》」という国も、「3つの国があって、一番強かったやつ」と言い換えたり、「そこで赤壁の戦いのときに軍師みたいに賢いやつがいてさ」というように、エピソードで説明をすると伝えることができます。

つまり、**固有名詞で覚えていることは無意味だと気づいたのです**。諸葛孔明《こうめい》を漢字で書けることに何の意味もないわけです。

ずっと日本にいると、ちゃんと説明しなくても、固有名詞を言うだけで、「あ、わかっているね」とすまされることがあると思います。でも、詳しく聞いてみると全然わかっていないことも多い。そういった知識は、実は何も持っていないことに等しいのです。

だから、新しいことを覚えたいときには、その名前を覚えることは諦めて、エピソードとして落とし込むことを意識したほうがよいです。諸葛孔明と三顧の礼を覚えるときも、言葉そのものではなく、「人にものを頼むときは3回行くのが必要だよね」

ということさえ押さえておけばいい。

こういう覚え方は、情報をできるだけ小さくしているので、使う脳の容量も小さくてすみます。

固有名詞が思い出せないことを悩む必要はまったくなくて、初めから諦めてしまえばラクになると思います。

◇目が悪くてもトクをする理論

記憶力に関連することで、僕は目が悪いこともトクだと思っています。

僕の視力は0・3くらいなので、人の顔がちゃんと見えていません。そのせいか、夢に人の顔が出てくることもありません。

それがなぜトクかというと、情報が圧縮できるからです。

たとえばプログラムだと、動画や画像のデータは容量が大きいのですが、jpegのデータのように、画質をどんどん劣化させてサイズを減らすということをします。

それでいうと僕は、**人の顔の記憶を劣化させて覚えている**といえます。人の顔を精密に覚えている人は、その分、ものすごく大きな容量を使っているわけです。

◇脳は「美人補正」をする

目が悪いことでトクをすることはまだまだあります。

たまにメガネをかけると、それまでは「キレイだ」と思っていた女性が、そんなにキレイじゃないという悲しい現実に気づくことがあります。

現実がわかったほうがいいという人もいるかもしれませんが、自分のまわりの人が美人だらけだと思い込んでいたほうが、絶対に人生は楽しいはずです。

「取引先のあのキレイな人」と覚えていた人が、「あれ、よく見たらそんなことないじゃん」ということに気づいたら、それはやはり損じゃないですか。

目が悪いことによって視覚は脳で補正されています。だから、**見たものを見ているわけではなく、見たいものを見ているわけです。**

それなので、美人だという補正情報のままでいたほうが、気持ちよく毎日を生きていけます。まあ、映画を見たり、車を運転したりするときはメガネをかけますが、それ以外では困ることはほとんどありませんね。

よく、「こないだと同じ服ですね」というように細かく覚えている人がいます。その人はその人なりにその能力を使いこなしているとは思いますが、たぶんストレスも相当多いことでしょう。
すごくいいことは覚えておいていいと思いますが、イヤなことばかり覚え続けていることはやめたほうがトクだという話です。

ポイント

- **忘れっぽいのは役に立つ**
- **意識的にロジックで考える**
- **情報はできるだけ小さくする**

ルール

9/21

仕事の「選び方」を間違えない

◇年収で選ぶとロクなことがない

世の中で天職に就ける人は、そんなに多くないと思います。僕のまわりにはエンジニアが多いのですが、彼らの中には、「プログラムを書くこと」そのものが楽しいという人種がたくさんいます。

けれど、就職活動などを思い出してもらえるといいのですが、「給料」で仕事を選ぶ人がたくさんいるのが現実です。

「就職ではなく就社だ」とよく揶揄《やゆ》されますよね。

一般的に、「**年収1000万円信仰**」というものが存在します。これはずっと昔からあるものです。

「会社とかあんまりよくわからないけど、たぶん年収が高いほうがトクだよな」という感じで会社を選ぶと思うのですが、年収が高いことの裏側には、様々な理由があります。

「めちゃくちゃ優秀な人しか入れないから年収が高い」という会社と、「年収を高くしないと人が来ない」という会社には、働く上でかなり大きな差があります。

それを考えずに、ただ年収を偏差値みたいな指標にして仕事選びをすると、幸せに働くことはできません。

もうひとつ、多くの人が仕事選びで間違っていることがあって、それは、「転職しないほうがいい」という先入観です。

学生のときに選んだ会社がそのまま天職であることは、ほとんどないでしょう。

僕のまわりで今、いきいきと働いている人は、ほとんど転職を経験しています。

だから、ひとつの場所で耐えて耐えて耐え抜くよりは、転々と職を変えたほうが働きやすい会社は見つかりやすいはずです。

それに、いい会社は辞めた後も意外と戻れるんですよね。**一度辞めて戻ってきた人が多い会社というのは、結構いい会社が多いです。**

辞めた人が二度と戻ってこない会社は、「比較してみたら他の会社のほうがよかった」という結果なわけです。

だから、若いうちは1回くらい転職したほうがいいと思います。公務員だと、1回辞めたら戻れませんが、終身雇用なんて形骸化したシステムですから、辞めることに抵抗は持たないべきです。

「東芝がなくなるかもしれない」と言われている世の中ですが、そんなことを10年前に誰が予想したでしょうか。新卒で入った会社が、60代になる40年後まで残っているかどうかなんて誰にもわからないことなので、会社を信じないほうが人生はトクです。

◎「就職ランキング」は信用するな

僕が思っている仮説で、**「学生人気企業ランキング上位の会社は、中長期的に潰れる」**というものがあります。まあ、潰れるというのは言いすぎにしても、状況が悪くなる会社が多かったりします。

学生が企業を選ぶときは、情報が少ないことがほとんどです。その中で、「なんかおしゃれそう」「安定してそう」という、**業務とまったく関係のないことに期待して**

学生が集まるわけです。

そういう学生がたくさん応募してくる中で、企業は人を選ばなくてはいけないので、結果、ロクでもない人材が集まります。そのロクでもない人たちが10年後や20年後にその会社の中堅になっていくわけですから、まあ後は推して知るべしですよね。

僕が学生だったとき、つまりバブル時代は銀行が人気だったんですが、銀行は没落しました。あと、航空会社も人気でしたが、ＪＡＬは1回崩壊しました。

最近を見ても、ＩＴ系企業は人気が出たらその後にガクッと下がる傾向があります。まあ、学生は基本的に騙されやすいわけです。

僕はまわりに流されて就活をするということを選ばなかったのですが、それは浪人生活を経験していたことが大きかったと思います。

現役で大学に入れなかったので、1年間だけ浪人生活をしていたのですが、そうすると1年間、ほぼ夏休みみたいな生活を過ごすわけです。

夏休みの宿題をほとんど最後までやらないのと同じように、浪人時代も受験ギリギリまで勉強をしなくなります。

僕も、毎日好きなことをしたり友達と遊んだりしていて、ただお金はなかったので、お金がない中でいかに楽しく暮らすかということを工夫していました。その体験が、僕の中に染み込んでいて、今もその延長のような感覚があります。

その経験があると、**「高校→大学→就職」というストレートな道にいる安心感というものが抜け落ちます。**

その感覚がないと、会社を辞めることへの抵抗や、キャリアが途切れることへの不安が出てくるのですが、そんなものは幻想にすぎません。

◇エリートに「勝てる場所」とは？

ここで、僕のこれまでのキャリアについて紹介しておこうと思います。

僕は中学生まで、「多分、将来は学者になるだろう」と思っていました。まあ、高校では授業に出ないで寝ていたりしていて成績も悪かったので、無理だということに気づきましたけどね。

その後、大学1年生の終わりに友達と会社を作って、3年の夏から4年の夏まで留学をしました。

就活のピークは3年の春でしたが、その期間に日本にいなかったので就活はしないまま、日本に戻って慌てて数ヶ月で卒論を書いて卒業をしました。

会社を作ったのは、ヒマだったということが一番の理由で、合資会社は資本金1円で作れたのでおもしろそうだと思って起業しました。

その当時、ちょうどインターネットが出回っていた頃だったので、ホームページ制作会社からはじめたのです。

そのとき一緒に会社を作った人は、その後まともな職に就いてしまいましたが、僕はふわふわと会社をやり続けました。

そうして今、僕はIT業界やエンタメ業界あたりで仕事をしているのですが、就活して会社員にならなかったおかげでトクしていることがあります。

それは、**優秀なエリートの中で切磋琢磨《せっさたくま》をしなかったということです。**

普通は逆だと思うでしょうが、どういうことかと言うと、学生時代に僕よりおもしろいことを考えるやつはたくさんいたのですが、彼らは優秀だからちゃんと就職して会社員になったわけです。

そうして優秀な人が抜けた中で、それでも「おもしろい」を追求する人はほとんどいなくなってしまって、自動的に僕くらいの人でも社会の中で上のほうのポジションになれてしまったんです。

すると、「おもしろい企画をしましょう」となったときに、僕のようなフリーランス的に働いている人は有利なポジションになれます。

なぜなら、**元々優秀だったやつは、会社に入って揉まれて、おもしろさの角が取れてしまっているからです。**

会社に入っても自分の感覚を保って、社内フリーランスみたいなポジションになればいいのですが、まあそんな人はかなりの少数です。

だから、僕のキャリアが参考になるかどうかは不明ですが、社会不適合な人だって、エリートと戦える場所はあるということは言えると思います。

◇「長男か次男か」問題

これは余談ですが、浪人時代にお金がない中で、どう楽しい遊びを開発するかを考えていて、おもしろい遊びを開発する人に「長男率が高い」ということがありました。

僕の仮説だと、長男は遊び相手がいなくて1人遊びをせざるをえない時期が長くて、何か1人で遊びはじめて1人で幸せを感じる手段を得るからだと思っています。

次男だと、最初から長男が遊びを教えてくれるので、与えられるのを待ってしまいます。

あと、僕の父親は北海道出身で放任主義だったので、「親の影響がないということが親の影響だった」ということもあります。

北海道に行った人たちは、だいたい田舎の下級武士で長男じゃないことが多くて、屯田兵《とんでんへい》というかたちで追い出されました。そこで家柄などが関係ない状態でスタートしているので、あまり階級意識がありません。まあ、そんな環境も性格を形成している要因としてあると思います。

ポイント

- **人気企業はそのうち下がる**
- **キャリアの空白を恐れない**
- **自分の感覚は武器になる**

ルール

10/21

「好きすぎること」で食わない

◇「毎日だと飽きる」という現実

以前に一度、ゲーム会社で働いたことがあります。働くといっても、就職したわけではなくて、週に2回ほど顔を出す仕事です。

ゲーム会社にいると、たくさんゲームが置いてあって、「好きに遊んでいいよ」という状態です。ゲーム好きならたまらない環境ですよね。

ただ、ゲームをしたことがある人ならわかると思うのですが、ゲームには面倒くさいパートがあります。たとえばRPGだと、地道にレベルを上げてようやく次に進めたり、試行錯誤して強い武器を手に入れて楽になったり、という浮き沈みがあります。

そうすると、その浮き沈みの沈んだ瞬間というのはおもしろくないので、ゲームが遊び放題の環境だと、次のゲームに関心が移ってしまいます。

そうして、「次を、次を」とやっていくうちに、どのゲームもおもしろくないという結末になってしまって、ゲームをする気が起きなくなってしまいます。

ゲーム好きでゲーム会社に入って、ずっと働いている人は、皮肉にもゲームをする暇がなくなるみたいです。なので、**そんなに好きじゃない仕事で8時間だけ働いて、家に帰って趣味をする人のほうが、たぶん人生は幸せなのかもしれません。**

ゲームと同じで、寿司が好きな人でも、毎日のように寿司を食べていたら、絶対に飽きるわけです。

つまり、幸せに感じる効用は、どんなに好きだと思っていても次第に減っていってしまうものです。ルール6で説明した、「お見合い結婚の加算方式」で物事を好きになることだってありますからね。

だから、好きなことを仕事にすればいいということを言う人がいますが、究極をいえば、「好きすぎてもいけない」と僕は思っています。

そもそも、**みんなが「おもしろい」「興味がある」と思っている分野は、給料が下がる傾向があります**。ゲームのプログラマーやイラストレーターもそうですし、テレビ業界も制作会社だと給料は安いです。

「好きすぎるから給料が安くても大丈夫です！」という人が、たまにものすごい結果を出したりすることもあるので、一概に悪いとは言えませんが、それなりに覚悟はすべきでしょう。

まあ、極められるくらい好きで、起きている間じゅうはずっとやり続けられるような人は、僕がいろいろ言わなくても放っておいてもやり続けると思うので、別に関係ないでしょうけどね。

◇「好きすぎる」＝「マニアック」

僕のゲーム以外の趣味は映画なのですが、これも作り手にはなれないと思っています。というのも、映画を観ていて、**「僕だったらこうしたほうがおもしろいのに」と思うものは、世間ではウケないのだと感じる**からです。

特に、ハッピーエンドではない映画が僕は好きなのですが、バッドエンドで大成功した映画はほとんどありません。その時点で、僕が映画を作る資格はないわけです。

２０１６年の『シン・ゴジラ』を観ていて、非常にもったいないなと思ったことがあるのですが、それは「海外の人にはウケないだろうな」ということです。

怪獣映画といえばアクションものとして世界で売れる可能性があるわけですが、『シン・ゴジラ』は会議の映画なので、日本人にはウケるけれど海外の評判はあまりよくないです。

「会議が長すぎて物事が思いどおりに進まない」というのは海外ではピンときません。多くの国では、だらだらと話していても、「うるさい！」とか言って相手を殴って、会議室を出ていくような主人公を求めてしまうわけです。

まあ、「日本のアイドルが出ている映画」みたいに、最初から海外を狙っていない映画ではどうでもいいのですが、庵野秀明《あんのひであき》さんは海外でも知られているのでもったいないないなと思ったんですよね。

そんなふうにエンターテインメント分析をするのは好きですが、そういう意味では、僕は作りたいものを作れないと諦めている部分があります。

クリエーターとして、「作りたいものを作る」という感じだと絶対に失敗しそうで、逆に、「そつのないものを作ってお金儲けする」という方向性なら、できそうな気がします。

でも、別にそこまでして映画を作りたいわけではありません。

世の中には、映画が好きだからなんとしてでも映画に関わる仕事がしたい、という人も多いでしょうから、そういう人は、**商業的な「割り切り」をちゃんと受け入れる**ようにしたほうがいいと思います。

◇最低賃金は上がるほうがいいのか？

そうした仕事観に関連するのが、「給料」のことだと思います。詳しくは第3章でお金のことには触れますが、ここでは最低賃金について話をしてみようと思います。

アメリカのカリフォルニア州で、最低賃金が15ドルになったことがありましたが、日本でも、「最低賃金を上げよう！」という動きが見られます。

そもそも、最低賃金が上がるとトクをするのだと誤解をしているアルバイトの人が多くいます。

最低賃金が高くなると、「自分の時給も高くなってラッキーだ」と想像しているかもしれませんが、やはり世の中に打ち出の小槌《こづち》はありません。

たとえば、都内のマクドナルドの時給が1000円くらいですが、それが1500円になった場合を考えてみましょう。

そこには2つの可能性があります。

ひとつは、人件費の分だけマクドナルドの売り上げが伸びて、人件費を賄《まかな》うことができるパターン。

もうひとつは、人件費の分ほど売り上げが伸びなくて、マクドナルドが閉店して、アルバイトが失業するパターンです。

マクドナルドの原価の割合はざっくりこんな感じのようです。

2015年　材料費35・9%　+　人件費32・4%　+　その他賃料27・8%

＝　原価合計96・1%

仮にすべての店舗の時給が1000円から1500円に上がったとすると、人件費が48・6%になり、原価合計が112・3%と、100%を超えます。まあ、厳密には少し違いますが、だいたいはそんな感じです。

要するに、原価が販売価格より高くなってしまいます。値上げをしないと、売れば売るほど赤字になるという状態です。

味もサービスもまったく変わらないのに価格だけ16％も増えたら、お客さんは減るに決まっています。なので、元から売り上げの多い店舗は残ると思うのですが、ギリギリでやっている店は軒並み閉店することになります。

ということで結果、失業するアルバイトの人が増えてしまいます。この結論は容易に想像がつくと思います。

◇「スキル不要の仕事」はやられる

マクドナルドを例にして話をしましたが、ほかの飲食店やコンビニなどでも同じことが発生します。

ここで危ないのは、スキルがなくても「なんとなく働けてしまう」という職場です。

先ほどは、好きすぎることを仕事にするリスクについて述べましたが、**「好き」すらもない環境でもスキルがなければ危険があるということです。**

ここでは、実際に最低賃金が高いフランス社会の様子を紹介しようと思います。

２０１７年のフランスの最低賃金は、だいたい１２００円でした。

小さい飲食店やスーパーは家族経営や外国人が多く、また労働法が厳しいので解雇しにくいため、若者を雇う余裕がありません。

したがって、やはり多くの人が仕事にありつけない状態です。25歳以下の、4人に1人が失業中というデータもあります。

そうすると、日本で最低賃金が上がって喜ぶのは、チェーン店の近隣にある家族経営や個人の店ということになります。要するに、アルバイトをほとんど雇っていない店です。

個人的には、そういった労働集約型の産業というのはやがて頭打ちになって、その代わりに情報産業やエンタメ産業で働く人が増えればよいなと思っています。

だから、最低賃金を上げることは個人的に賛成ですが、そこで働く人たちの働き方は「流されるまま」ではなく、ちゃんと考えておいたほうがいいですよね。

ポイント

- **「好き」も続くと減ってしまう**
- **好きすぎるとニッチになる**
- **スキル不要はリスクが高い**

ルール

11/21

「ストレスマネジメント」を徹底する

◇おしゃれしてモテるのは「25歳」まで

「僕のまわりの優秀な人がいなくなったから、自動的に自分が優秀に見えてしまう」という話をルール9でしたのですが、それに関連して、「モテ理論」でも同じことが言えます。

というのも、僕はほとんどおしゃれをしません。

それには理由があって、おしゃれだからモテるなんてことは、感覚的に20代半ばまでだと思うからです。

「正社員でちゃんとした仕事に就いている人」と「おしゃれだけどフリーターの人」がいたとして、30代以上の社会人だったら、絶対に前者のほうがモテます。

そうすると、おしゃれだからトクするなんてことはコスパが悪くて、それに投資するような人は、それは精神的な満足しかないと思うわけです。

まあ、ちゃんとした会社の中の人同士であったり、同じくらいのステータスの人たちの中であれば、おしゃれな人のほうが有利だとは思いますけどね。でも、それは広い目で見るとプラスアルファ程度でしかありません。

◎いかにハゲずに逃げ切るか

大学時代にモテていた人は、社会人2〜3年くらいになるとだいたいが結婚します。まともな職に就いていればいるほど、その傾向にあります。

わかりやすく言うと、イケメンが結婚組になるということです。

そうすると、30歳を過ぎると、未婚で「ハゲていない」「デブじゃない」というだけで、自動的に上位層になることができます。

僕の場合もそうで、**太らないためには食わなきゃいいだけですし、ハゲかどうかはストレスが影響していると思っているので、ストレスマネジメントをしておけばいい。**

その2つだけ気をつけていれば、相対的にモテる位置に立つことができます。

いろいろと異論はあるかもしれませんが、僕の父親はハゲているので、遺伝的には僕はハゲますし、それは子どもの頃から覚悟をしていたんですが、ストレスなく生きることを徹底したおかげで、40歳までハゲずに逃げ切れました。

そんなように、競争相手が勝手に落ちていくから、それまでは「待つ」ということが人生でできるかどうか。それが幸せに生きるためには必要なことでしょう。

◇「待てるかどうか」がカギ

まじめな人は、「待つ」ということができません。

たとえばニコニコ動画では、見た目の画面（ユーザーインターフェース）がたまに少し変化することがあります。ニコ動に限らず、ツイッターやフェイスブックなども慣れ親しんだ頃にちょっとした変化を加えることがあると思います。

すると、最初は絶対にクレームが来ます。

「前のほうがよかった」「使いにくくなった」というようなコメントがたくさん寄せられます。

けれど、**一定の期間が経つと、ウソみたいに人は慣れます。そして文句を言う人も**

いなくなります。

要するに、ユーザーインターフェースは、「使いやすさ」よりも「慣れ」のほうが重要なのです。

キーボードの配列は、人間が打ちにくいように作られたことで有名です。それは、タイプライターの時代に、同時にキーを押してしまうと重なって打てなくなってしまうので、速く打てないようにわざと難しい配列にしたからです。

パソコンのキーボードでは、重なることなんてないから配列は関係がないけれど、それに慣れてしまっているから、打ちづらい配列のままなのです。

ですから、いちいち変化にイライラすることなく、「待つ」ということができたほうが人生ではトクなのです。

ポイント

- **競争相手が落ちるのを待つ**
- **使いやすさより慣れが重要**
- **食とストレスだけは気を付ける**

ルール

12/21

「長く役に立つ本」を読む

◇「しょうもない結論」こそがおもしろい

読書はわりと好きなのですが、どうせ読むなら、役に立つ読書をしたいと思っています。

役に立つといっても、短期的なものには手を出さないようにしています。極端な例だと、エロ本なんて買った1ヶ月後には何の役にも立たないわけです。

それなので、長期スパンでトクをするような本を選ぶようにしています。

最近だと、『サピエンス全史』(河出書房新社)を読みましたし、『銃、病原菌、鉄』(草思社)もいい本です。

そういった人類学系の本は、個々の人間の能力はどうあれ、多数の人間が集まった場合の結論が描かれています。つまり、**歴史の積み重ねであって、人の行動パターン**

と、それで成功した例なんてないことがわかります。今の政治で何か出来事が起きたときに、「この流れはたぶんこうなるだろうな」というシミュレーションの材料になります。

人間の優秀さというのが、長期的に見ると、ほとんど役に立たないということは、『銃、病原菌、鉄』を読むと非常に感じられることです。

人類学者の著者は、パプアニューギニアに行ったときに受けた、「白人が世界中を支配しているけど、なぜ自分たちじゃないのか」といった意味の質問の答えとして、「ただ単にユーラシア大陸にいたから」という、しょうもない結論を出しています。

つまり、ユリウス・シーザーが優秀だったから、といった個々の要素はあったとしても、全体的に見ると、結局は、ユーラシア大陸が東西に長くて、小麦のように貯蔵できる植物がたまたまあって、家畜に向いている動物がいて、「そこにいたから」に過ぎないというのです。

そういう複雑な話を単純化して説明してくれる本は非常に好きです。

多くの人は、英雄の登場や個人の努力という部分に感情移入して、そういう要素で社会はできていると思いがちですが、現実はその逆だということを思い知らされますよね。

◇「いい本」の5つの条件

流行りの事象に関する知識は、数年で知識としてほぼ無意味になります。

たとえば、今年流行ったタレントの名前を憶えても、数年でまったく使わない知識になったりするわけです。

そして、たいていのことは検索すれば答えが出てくるわけで、個人の知識として蓄える必要があるものは、実はなかなかありません。

結論を知るだけなら、ウィキペディアを見ればいいだけですしね。

だから、経緯や動機を知ることで、同じような事象に対して人間はどんな対応をするのか、という予測をするための材料にできることが、本当に役に立つ知識じゃないかと思っているわけです。

それを考えると、次の5つの条件を満たすのが良書だと思います。

・今後10年以上も影響を与える「技術」や「文化」をテーマとしている
・結論に至る「経緯と理由」に筋が通っている
・「資料」から組み立てられていて、個人の感想を書いているわけではない
・一般的な「常識」とは違う結論や発見がある
・単純に読んでいて「おもしろい」

まあ、こんな本にはなかなか出合わないのですがね。

でも、それを満たす本として、『コンテナ物語』（日経BP社）が非常におもしろかったので、それについて紹介したいと思います。

世界中の先進国が不況で、いろいろな原因が言われています。そんな中で、この本は「大きな箱の発明が原因だ」と結論づけています。

上海《シャンハイ》から東京まで30トンの荷物を運ぶと、コンテナではだいたい30万円の輸送コストがかかるそうです。

これが、群馬の工場から東京に運ぶとすると、30トンの荷物を30万円では運んでくれません。

つまり、海上輸送が異常に安くなったことで、人件費の安い国で生産して、それを輸入することが、低コストでできるようになってしまったのです。

そうして起こったのが、次のようなスパイラルです。

先進国の製造業は不況
←先進国の景気が悪くなる
←先進国で価格が高いものより安いものが売れるようになる
←海外で安く生産した商品がますます売れるようになる
←先進国の製造業はますます不況

◇「ただの箱」が不況を招く

コンテナの発明が凄《すさ》まじすぎたせいで、発明したマルコム・マクリーンすら倒産してしまったようです。世界中の景色を変えて、誰も想像していないところに来ちゃったというのが現在なわけです。

コンテナというと、「あの黒い鉄の箱でしょ」くらいにしか思わないかもしれませんが、それを作ったせいで先進国がずっと不況になるなんて、誰が想像できたでしょうか。

こうした単純に見える結論を導いている本は、本当に役に立つのでおすすめです。

ちなみに、よかった本については、これからもいろいろなところで話したり書いたりすると思うので、ぜひ参考にしてほしいですね。

ポイント

- **世界の流れに対して個人は無力**
- **予測の材料となる知識が役立つ**
- **複雑な話を単純化する本に注目する**

ルール
13/21
「努力しないための努力」をする

◇「英語の勉強」はコスパが悪い

僕には努力信仰がありませんが、「努力しないで何かを手に入れるための努力」というのは最優先でしています。

たとえば、「語学」はとてもハードルの高いことだとみんな思いがちなのですが、僕はそうは思っていません。

コンビニやチェーン店に入ると、東南アジアの人がよく働いていて、上手に日本語をしゃべっています。

でも、日本語は「世界三大・難しい言語」に入るくらい難易度が高いことで有名です。それでも、生活圏でその言語を聞いていると、**誰でもいつのまにか話せてしまうという脳の仕組みを人間は持っているのです。**

逆に、僕の知り合いで、日本にいながら英語学校に通って英語が話せるようになった人を1人も見たことがありません。それと同じで、アメリカに住んでいて、英語が話せないままの人というのも1人も見たことがないのです。

それを仮説として僕は持っていたのですが、ちゃんと実証をしてみようと思って、それも兼ねて今、フランスで暮らしています。

フランス語なんてまったく勉強せずに暮らしはじめたのですが、3年くらい経つとある程度は普通にしゃべれてしまいます。

1年半くらいしか経っていなかった頃でも、相手がフランス語でわーっと話してきたときには、キーワードと相手の表情で、「**あ、なんとなく言っていることがわかるな**」という瞬間がありました。

それは、日本で語学を勉強するときのような「頭の中に訳が出てくる」というものではありません。

言語がそのまま頭に入ってくるような感覚です。

たとえば、アメリカでお店に入ったとします。

そして、「Welcome」とニコッと笑顔で言われたら、頭の中で「えっと、Welcomeの意味ってなんだっけ?」と考えるのではなく、「おお、歓迎されているな」と思うはずです。

おそらく、「Hello」とか「Hi」と言われても、「それは『こんにちは』である」という変換なんてせずに、好意を持った挨拶をしているという認識をすると思います。

海外に暮らすと、その認識パターンが日ごとに増えていくわけです。

◇「やる目的」から先に決める

というので、「いつの間にかなんとなくわかる」という手っ取り早い方法が、言語に限らず他の場合にも応用ができるはずです。

よく、プログラマーになりたいという人で、プログラムの本を買ってきて最初から最後まで読む人がいます。

それも効率が悪いと僕は思っていて、プログラムを書くことは手段なので、先に目的のほうを決めたほうがいいに決まっています。

たとえば、編み物を覚えるときに、編み方を全部覚えるよりも、**「マフラーを作りたい」ということを先に決めて、そのために必要なことをやっていったほうが効率的です。**

「マフラーの全体はこの編み方で、房の部分はこうで……」という風にやっていって、ひとつ完成させれば、じゃあ次は、セーターの場合だとこうすればいい、というのが感覚でわかるでしょう。

スポーツなんかでも同じです。参考書でスポーツのルールをしっかり読んでからやる人はあまりいないと思います。

ただ、それでも参考書でかっちりやったほうがいい、というタイプの人もいると思うので人によるでしょうが、かなり少数だと思います。

僕はそういう才能がないし、ムダな努力もしたくないので、いかにラクな方法でなんとかするかということを考えるわけです。

◇怠惰な国・ロシアの教え

「努力しない」ということについて好きなエピソードがあります。

正確には覚えていないのですが、アメリカのNASAが1億ドルをかけて、「どんな温度でも、無重力でも書けるペン」というのを開発しました。

一方でアメリカのライバルのロシアは、面倒なことはせずにエンピツを使った、というオチのついた話です。

この話を宇宙飛行士の野口聡一《のぐちそういち》さんに話したら、その続きがあるそうで、「その後にロシアは、アメリカが作ったペンをもらった」とのことです。

つまり、ロシアは何もしていないわけです。

一生懸命に技術開発をしなくても、「**昔からあるもので何とかしよう**」というのはロシアのお国柄のようです。

今、中国を除いて、人が乗って打上げられるロケットはロシアの「ソユーズ」だけです。

ソユーズは1970年代に作られていて、カウントダウンをせずに飛びます。

どういうことかというと、スイッチをオンにした後に、振動が止まって台が水平になったときに自動的に飛ぶようになっています。

ハイテクそうに見えるロケットでも、振り子みたいなものがだんだん収まっていく、という「ローテクの組み合わせ」でできているのです。


他にも、いまだにテロリストがよく使っている「AK-47」という銃があるのですが、それは旧ソ連時代のロシアで1945年に作られたものです。

それでも簡単に作れるわりに性能がいいらしく、ずっと生き残っています。

構造も単純で、撃鉄が火薬を爆発させたときの爆風で弾が前に飛ぶのですが、薬莢《やっきょう》の中の邪魔な不純物も一気に飛ばす構造になっています。

要するに、すごく雑な作りです。


こうしたロシアの「なるべくラクをしよう」「最小限の労力で成果をあげよう」という姿勢は、学ぶべきことが多いと思います。

◇「働かないこと」の原風景

日本人は、働かないことへの罪悪感みたいなものが大きいです。

でも、僕が小学校の頃、まわりの大人の「働いていない率」は高かったんですよね。

というのも、友達の家に遊びに行ったとき、お父さんが家にいることが案外多かったのです。

その当時は、それが当たり前のように思っていたのですが、後で考えてみると、「なんで平日から家にいたんだろう」と不思議に思ったわけです。

僕がいたのは、東京都北区の桐ヶ丘《きりがおか》団地だったのですが、都の施設なので収入が少ない人を優先して入れていたようです。

なので、働いていない人がざらにたくさんいました。

それを大人になってからわかったので、僕の中では「働かないこと」がわりと普通のことに思えるのです。

ちなみに、半分が都の公団で、半分が雪印《ゆきじるし》の東京工場の横にある団地群でした。

そこはみんな雪印で働いているという団地だったのですが、その工場が潰れて全員が失業者になってしまいました。

やはり、僕の地元は働かないことが当たり前の光景だったのです。

団地は引っ越す人の割合も少ないですから、人間関係も固定されていて、新しく来る人も馴染めずに去っていくことが多いです。なおさら怠惰な人に対するネガティブなイメージは薄くなっていったわけです。

ポイント

- **一つをやり切り、応用を効かせる**
- **努力しないで成果を得よう**
- **働かないことに罪悪感を持たない**

ルール

14/21

「最悪シミュレーション」をしておく

◇少しの面倒で「大きな面倒」を回避する

僕は頭で考えることが好きなので、最悪のケースというのをとことんまでシミュレーションして考えます。そうしておくと、**「想定よりも悪かった」ということがほとんどなくなるので、どんなことがあっても幸せに感じることができます。**

人は予想していたことよりも悪いことが起きると失望をします。けれど、ちゃんと最悪まで考えておくと、その覚悟がすでにできているので、そこまで大きなショックを受けません。

そうすると、物事がうまくいったときに、すごくトクした気分になれます。それは、ルール6の「飛行機で隣にデブが乗ってくる話」で述べたのと同じように、不幸な結末を先取りしておくということにも通じます。

最近だと、フランスのビザを更新するときに、「絶対に更新できる」と思うのではなく、「失敗したら更新できないな」と予測不能なことを考えておくようにしています。

ビザの更新のときって、相手が何を言うかがわからないから、何か過ちをおかしたら取り返すのがすごく面倒なんですよね。

そんなときに、最悪のパターンというのも考えておいて、「ダメだった場合はフランス語を話せる人を一人雇って連れていってなんとかする」→「そのためにはコストがいくらかかる」ということを考えておくわけです。

そういった最悪シミュレーションをするのですが、おそらく多くの人はやらないことです。考えるのが面倒くさいというのがほとんどの理由だと思うのですが、**考えておかなかったことで後から慌てるほうが絶対に面倒くさい。**

だから、「最悪シミュレーションをする」というクセをつけておいたほうがトクをするだろうなと僕は考えています。

◇最悪、日本以外でも暮らせるか

僕はフランスに住みはじめる前、バルト三国のラトビアの住民権を取りました。

なぜかというと、ラトビアの住民権を持っていると、ヨーロッパでいつまでも滞在ができるからです。

それとは別に、アメリカとマレーシアの長期滞在ビザも持っています。

そうすると、日本にもしものことがあったときに、ヨーロッパ・アメリカ・東南アジア（マレーシア）のどこかに逃げることができます。

あと、僕は英語がしゃべれるのですが、フランス語圏も世界では大きいので、フランス語を押さえるとアフリカにも逃げられます。

このように、**大げさだと思われるかもしれませんが、僕は世界レベルで最悪のパターンも考えています**。

まあ、自分自身に関してはポジティブというか、わりと期待感を持っているので、その分だけ他人に関してはかなり悲観的です。他人は自分のコントロールが及ばないと思っていますからね。

◇簡単に「自分を変える」方法

他人を変えようとする人は意外に多いと思います。でも僕は、他人を変えるより自分を変えるほうが簡単だし、早いと考えています。

それをわかっている人は、うまく人生が歩めているなと実感しますね。

別に僕は矢沢永吉《やざわえいきち》ファンではないのですが、「オレはいいと思うんだけど、矢沢がなんて言うかな」という好きなセリフがあります。おそらく何か提案があったときに言ったことだと思います。

僕がこの言葉が好きな理由は、自分自身と矢沢像というのを完全に切り離しているからです。

つまり、**「自分（オレ）は変えることができると思っているけれど、他人（矢沢）は変えられないよ」**と言っているように僕には聞こえます。

こうした切り離し方を、僕も心がけています。

よく聞く話に、「コップの中に、水が半分しかないと思うか、半分もあると思うか」というものがあります。

これも、最悪シミュレーションと他人との切り離しをしておけば、「1滴もないことだってありえるし、コップ満杯にすることはできないから」ということで、「半分もある」のほうを信じることができます。

つまり、どんな状況にあったとしても、それをプラスにするための状況を考えるということを僕はやっているわけです。これを意識的にやっていると、そのうち勝手に「いい状況を思いつく」というレベルに達することができると思います。

◇「無理ゲー」で元々

『信長の野望』というゲームがあります。

織田信長《おだのぶなが》や武田信玄《たけだしんげん》などの武将から1人を選び、天下統一を目指すという内容なのですが、僕はよく、マニアックな弱い武将をあえて選ぶということをします。

それも最悪シミュレーションの練習で、**「どうせ負ける」という状況の中から、「でも、負けないパターンを見つけられたらおもしろいな」ということを考えるわけです。**

悪い状況の中でうまくいったときは、すごく達成感があります。

逆に、絶対に勝つような状況で勝ったとしても、「まあ、そうだよね」というだけの話ですし、僕以外の人がやってもいいわけです。それではおもしろくないですよね。

そもそも、難易度が高いことにチャレンジして失敗しても、失敗が当たり前なのだから別に誰にも非難されません。

岡田斗司夫《おかだとしお》さんが言っていたことに、「自分という感情を持っている乗りものをコントロールしつつ、コントロールされている自分」というような表現があります。

たとえば、「この食べものが好き」「この人が好き」という感情が突然出てくることがありますよね。要するに、コントロール不能な何かを人は抱えていて、それと折り合いをつけていく生き方をするということです。

僕はそれをわりと正しいと考えているので、ここで述べたように、自分自身との付き合い方は上手にしたいものです。

ポイント

- **最悪の想定でトクをする**
- **他人は変えれないと割り切る**
- **無理ゲーこそ楽しむ**

第 3 章

これだけで損しない「お金」のルール

ルール

15/21

「金銭感覚」を保っておく

◇お金持ちには「今すぐ」なれる

「お金持ちになりたい」と言う人が結構います。

でも、よく聞いてみると、お金持ちになりたいのではなく、「**お金を使いたい**」というのがほとんどです。

お金持ちになりたいのであれば、お金をまったく使わなければずっと増えていくので、お金を持ち続けられるわけです。だから、そこを明確に分けて考えなくてはいけないと思います。

僕が大学生のとき、ちょうどバブルの時代でした。厳密に言うと、バブルが終わる前ぐらいです。

その頃、定期預金の金利が5%もありました。

定期預金の金利が高かったので、何とかして5000万円貯めると、年間に250万円の利子が入ってきます。

そうすると、「それだけで暮らせる」と単純に思ったのです。

じゃあ、その5000万円をどうやって貯めるかということを、逆算してよく考えていました。

その後、金利は一気に下がったんですけどね。

また、僕が大学生の頃の家賃は2万8000円でした。

あの時代は、携帯電話の契約もしていなかったのと、インターネット回線が3000円で、食費も抑えていたので、何だかんだで月の生活費が5万円くらいしかかかりませんでした。

家でご飯を炊いて学校に持っていって、おかずは友人から1品ずつもらうと、意外と豪華な食事になりました。

なので、**「だいたい月に5万円あれば暮らせる」ということが自分の中で明確にわかったわけです。**

そして、その金銭感覚は今もほとんど変わりません。

僕の場合、就職して会社員になったことがないので、そのせいで金銭感覚が変わるきっかけがなかったのかもしれません。

会社員だと、「毎月この額が必ず入ってくる」という前提の上で生活を組み立てるので、自然と生活レベルが上がっていくと思います。

ただ僕は、定額のお金が必ず入ってくる生活をしたことがないので、「いつかなくなるかもしれない」という危機感が常にあります。そのせいで生活レベルは変わっていないんですよね。


よく人がやっている考え方に、「時給1000円換算」というものがあります。

「これを1万円で買うってことは、10時間働かないといけないのか」といった考え方です。

それを僕は、昔からずっとしてきました。

高校のときにバイトしていたスーパーが時給900円だったので、その当時のことがまだ刷り込まれています。

また、高校まで小遣いがほぼなかったので、友達と駄菓子屋に行ったとしても、「お金がないので買わない」ということを当然のように言っていました。

なので、「まわりはみんなお金を持っているけど、自分はお金がない」という状況で生活することが普通でした。

それなので、劣等感みたいなものもないわけです。

親は公務員だったので、別に家が貧乏だったわけではないですけどね。

たぶん、中2病的なもので、親に向かって「お小遣いがほしい」と頭を下げるのがイヤだったんですよね。

◇世界レベルの「格差」に備える

最初の話に戻ると、多くの人が勘違いしている「お金持ちになりたい＝お金を使いたい」という考え方が僕にはないわけです。「お金を使うことがイヤだ」という思いが大きいからです。

そうすると、勝手にお金が貯まっていって、「本当の意味のお金持ち」になることができます。

また、未来についての詳しい話は「終章」でするのですが、これから先は国際的に経済的な差がどんどん開いていくのではないかと僕は思っています。

国民1人あたりの所得に占める可処分所得が、ドルベースだと日本の順位は下がっています。

国が貧しくなっていくと、お金持ちと貧乏人の差が大きくなります。

たとえば、服を買うにしても、お金があれば多様性を求めて個人が自分をアピールするために服を選ぶのですが、そういう余裕がなくなってくると、「全部ユニクロでいいよね」という選択肢になっていきます。

そうして独占・寡占《かせん》が進むので、ユニクロの独り勝ちという状況が生まれてしまいます。腕時計や靴など、他の分野でも同じような動きが出てきます。

やがて、**その寡占している企業がすごく儲かって利益を上げて、二極化が進んでいくことになります**。

それなので、この本では何度も書いていることですが、「幸せとお金をリンクさせない」ということが、ここでも大事になってきます。

◇「年収1000万円」は豪華な暮らしか？

ルール9で「年収1000万円信仰」について少し触れましたが、経済誌などでも特集が組まれますし、まだまだ根強く人気なのだと思います。

ただ日本であれば、地方なら違いますが、都内であれば年収1000万円ではそんなに豪華な暮らしはできません。

結婚して子どもが2人いて、2人とも大学に入れるとなると、そんなに可処分所得を作ることができません。だから、「年収1000万円なのに貯金が全然ない」という人も珍しくないのです。

僕と同じ40歳くらいの男性の平均年収は400万～500万円くらいでしょうから、年収が1000万円以上ある人はかなり少数だと思います。

その点からいっても、個人の楽しさや幸せとお金で手に入るものをリンクさせてはいけないのです。

世の中には真のお金持ちがいると思いますが、そんなのは数%の人であって、大多数の人はそちら側にはいけませんからね。

◇いくら貯めたら「安泰」になるのか

15年ほど前は、お金を貯めてマンションを買って、マンションを貸し出して賃貸料で暮らすことが労働者からの卒業のように言われていました。

いわゆる『金持ち父さん 貧乏父さん』(筑摩書房)などの本で書かれていることで、ラットレースから抜け出すためにすべきことが「投資だ」という話でした。

ある程度の年齢まで働いて、お金を貯めて、その資産を回すことで、働かないで生活費が出るようにして、労働者としての人生を引退しよう……、というのはとても夢があるように聞こえます。

当時は、不動産や株、年金というのが、引退しても生活費を引き出すための手段だったのですね。

ところがどっこい、今の時代は少子化で、一部の大都会以外の土地の価格は下落し続けています。株価は下がり、年金の支給額は上がらないし、年金の運用で失敗して7兆8800億円減ったというニュースも話題になりました。

そうすると、**今の時代は、「ここまでお金を貯めたら労働者としての生活は卒業して、ゆっくり生活できる」というラインが見えなくなります。**

いくらぐらいのお金があったら満足した生活が送れるのかもわからないので、お金持ちの高齢者がもっとお金をほしがるようになっています。

お金を貯めてもマイナス金利で減るわけなので、「ここまで稼いだら安心」というラインはどんどん遠ざかります。

つまり、高齢者が「将来が安泰だから、若い人や次世代の人を支援する側に回る」という選択もできない世の中なのです。

暗い話になりましたが、安心できるまでお金を稼ぐことより、今の生活で満足できるように考え方をシフトするほうが手っ取り早いということがわかっていただけたのではないかと思います。

ポイント

- **漠然と生活レベルを上げない**
- **安心ラインまでは稼げない**
- **「お金を使う＝幸せ」から脱却する**

ルール

16/21

「プレゼン力」で物を手に入れる

◇ゲームのカセットを借りる感覚

僕は、家にいるときはだいたい映画鑑賞とゲームと読書をします。

読書に限っていえば、電車に乗っていた頃のほうが読む冊数は多かったのですが、今でも読書は好きです。

もしかしたら本以外にも使える方法かもしれませんが、僕はよく「プレゼン」をして人に本を買わせるということをします。

あなたが、「その本、読んでみたいな」と思う瞬間を思い出してほしいのですが、テレビで感想を聞いたり、ネットで書評を見たり、知り合いから薦められたりすることがほとんどではないでしょうか。

それをそっくりそのまま相手に伝えれば、興味を持って、すぐにその本を買ってく

れるのです。

そして、「先に読んでもいいよ」「読んだら貸すね」とか言ってくれて、自分はタダで手に入れることができます。

ひとりの人にプレゼンして響かなくても、伝え方を変えたりして別の人に試してみたら買ってくれることだってあります。

ここで大事なのは、「自分がなぜそれをおもしろそうと思ったか」ということをちゃんと言語化して説明するということです。

なので、本に限らなくても、他のものだって買ってもらうことや、売ることだってできるはずです。

ルール12で紹介した『サピエンス全史』や『コンテナ物語』も、実は友人に買わせたものです。

まあ、本くらいは自分で買ってもいいんですけど、すぐに部屋がいっぱいになってブックオフに売るのも面倒です。

子どもの頃だと、ゲームのカセットを友達と貸し借りしたと思います。

また、親からなんでも買ってもらえる友達に、「これ、おもしろいらしいよ」と言えば、すぐに手に入れるやつがいたと思います。

そうして、そろそろ飽きたかなと思ったタイミングで貸してもらう。それとまったく同じスキルですよね。

◇「お金を使いたい人」を利用する

世の中には意外と、「お金を使いたい人」が多くいます。

それは、ルール15でも説明した「お金持ちになりたい願望」の裏返しなのかもしれません。

たとえば、人におごりたがる人がいます。

相手がおごりたがっているときは、遠慮してはいけません。その欲望を満たしてあげるのも大事なことです。

「ああ、人にご馳走《ちそう》して気持ちいいな」という快楽が存在するということです。

僕にはその快感がないので、ほとんど人におごることはありません。結婚しているので奥さんの分を出すことはありますし、お金を持っていない学生におごることならあります。それ以外では、たまにしかありませんね。

徹底して人におごらない生活をしていると、たまにおごると非常に驚かれます。

そういう意味では、おごることの価値が高くなっているので、「いざ」というときに取っておいているという見方もできるかもしれませんね。


たぶん、僕のまわりで今の僕と同じような生活レベルをしている人はいません。

というのも、僕は今でも自動販売機でジュースを買いませんし、前に述べたように外食もしません。

だから、普通のサラリーマンの友達でも、僕より可処分所得が多いのです。

まあ、僕に「おごってくれ」と言ってくるような人は、僕のことを知らない人ですからね。

仲がいい人で言ってくる人はほぼいませんから、そういうキャラを作っておくと、人生はラクですよ。

◇家計簿の「安心感」に逃げるな

何にお金を使ったかを把握するのに、家計簿をつける人がいます。

でも、お金を使うのは、買い物などでお金を使う〝その瞬間〟です。それを後で見返すようにするというのは、問題を先送りしているだけです。ムダ遣いかどうかは、買う瞬間にわかることです。

それに、家計簿をつけてもお金の額が増えるわけではありません。後から思い返して、「ああムダだったな」と思うくらいなら、「はじめから買うな」ということです。

まあ、家族の金銭感覚が信用できないときに、相手につけさせるというのなら役に立つかもしれませんけどね。

とにかく、**金銭感覚を保つためには、「買う瞬間に判断する」ということを徹底することです。**

まともな金銭感覚の人で家計簿をつけているという人は、ほとんどいません。会社経営がうまくいっている人で、「家で家計簿をつけてます」という話は聞いたことがありませんしね。

あと、「いくらまで使っていい」という逆算の考えもしないほうがいいです。

予算をつけてしまうと、買わなくてもいいものを買える状態を作ることになります。

そうすると、やはり金銭感覚は鈍くなってしまいます。


自分の「ほしいもの」については、原体験というのも影響していると思います。

たとえば僕の場合、クリスマスと誕生日だけはほしいものが買えるルールがありましたが、それ以外のときはすべて諦めていました。

「ファミコンがほしい」と言ったら、ＭＳＸというパソコンを親が買ってきたことがあって、そのせいかゲームに対しては埋められないコンプレックスがあるわけです。

まあ、そのおかげで大人になってからＩＴ系の仕事がすんなりできたのですがね。

ポイント

- **借りるくらいでちょうど良い**
- **お金を使いたい人に使わせる**
- **買う瞬間にムダじゃないか自問する**

ルール

17/21

お金で「問題解決」をしない

◇バカは「自分にごほうび」をする

ルール16で述べた「おごって満足する」というお金の使い方は、精神的なお金の使い方です。

精神的なお金の使い方をやめると、意外とお金を使うものは少ないことに気づくはずです。

そうすると、「自分にごほうび！」とか言っているやつは、だいたいバカだということになります。

1000万円くらい儲けたから1万円ほどをごほうびに使うのならわかるのですが、普段の仕事の中で、「このイヤな仕事をやりきったら……」というレベルでのごほうびは絶対にやめたほうがいいです。

それをやった結果、別に給料が増えることはないでしょうから、ごほうびが発生するということは「損失」なわけです。その損失はどうやって埋めるのでしょうか。

イヤなことを乗り越えるたびにお金を使っていると、生活コストが非常に高くなってしまいます。そうすると、「はじめに」でも述べたように、幸せになれないスパイラルにハマるわけです。

◇迷惑の「言った者勝ち」を防ぐ

僕の中のルールに、「友達にどんなに迷惑をかけても、お金は払わない」というものがあります。

相手に迷惑をかけてしまって、「これで許して」と言ってお金を渡したり、ご馳走をしたりする人がたくさんいると思います。

それを僕は絶対にしません。ひとつ例外があって、「もうあなたとは友達ではありません」と宣言するときにはするんですけどね。

自分が悪いことをしたということは承知した上で、でも一緒に人と何かをする以上、必ず相手に迷惑をかけます。

つまり、お互い様ということです。

それなのに、迷惑をかけるたびにお金を払っていると、どうなるでしょう。**「僕は迷惑を感じた」と主張した人がトクをして、「別にいいよ」と我慢した人はずっと損し続けることになります。**

迷惑の度合いは人によって違います。

たとえば、僕が遅刻をしたとします。それを全然気にしない人もいると思いますが、いちいち気にする人だっています。その人に毎回おごっているとキリがありませんし、気にする人がトクなわけです。

そういうように、問題解決にお金を払っていると、人と対等な関係でいられなくなるでしょう。

だから僕は、友達である限り、迷惑をかけたことをお金で償《つぐな》うというのは、してはいけないことだと思っています。

その分、納得してくれるまですごく謝るし、別の代替手段があったら時間をかけてでもやるのですが、ただしお金は絶対に使わない。仕事で知り合った人であれば経費として使えばいいのですが、それは仕事の関係ですからね。

こうしたことはちゃんとルールとして決めておかないと、友達関係が壊れやすくなりますし、そうすると必然的に幸せからは遠ざかります。

◇「見栄のお金」ほどムダなものはない

「見栄でお金を使わない」ということも言えます。

たとえば、ブランド品を持っていることは、ある種の「お金を持っている」ということの別の表現のかたちです。

「流行りのブランドを手に入れるだけの経済的な余力があります」ということをまわりに伝えているわけです。

僕はそれを見ると、**「それで近づいてくる人って、経済的余力に近づいているだけで、あなた本人を見ているわけじゃないのでは？」**と思ってしまいます。

お金を使わずにおしゃれな人というのがいます。

それはセンスだから、そのセンスに惹《ひ》かれて人が近づくわけで、ブランド品をまとう人とは大きな差があります。

まあ、芸能人に多いのですが、すごいわかりやすいブランド品をゴチャゴチャ着けている人がいます。

「ああ、残念な人だな」としか思いませんし、「**私はセンスがありません。でもお金はあります**」ということを主張しているように見えます。ファッションデザイナーの人は、ブランドのロゴが付いた服や靴を絶対に身に着けませんしね。

ジャイアンツファンが好きなことをアピールするのにジャイアンツの服を着るのは何も問題がないように、バカな若い女の子を引っかけたいからブランド品を着ているというのであれば目的と手段がありますから納得します。

でも、そうでないのであれば、コスパも悪いですし、やめたほうがトクです。

◇理由もなく外に出るな

自分のいちばん理想的な生き方を考えてみたら、「**やりたいことをずっとやって、ずっとやり続けて、やり続けた体勢で寝る**」というのが最高だと思っています。

僕の家はベッドなのですが、ベッドでノートパソコンを横にして、寝た体勢で動画を見たりしてそのまま寝ます。

寝る直前まで好きなことをして、起きたくなったら起きるということをしているわけです。だからルール7で説明したように、遅刻をして迷惑をかけますし、ただそうならないようにできる限り朝に予定を入れないようにはしています。

夜型の人は、太陽を見ると眠くなるんですよね。

外が明るくなってくると、「そろそろ寝る時間だ」と思ってしまうのですが、きっとそういう体質だから、それには逆らわないわけです。

僕のような引きこもり体質の人は結構多いのではないかと感じていて、自分から連絡を取って人に会うということをしない人は大体がそうだと思います。

それとは逆に、土日に何も連絡が来なくて家にずっといたら不安になるという人もいると思います。

うちの奥さんも、「外出しないと気分が悪い」ということを言って、何かと理由をつけて外出します。

けれど、そうじゃない人は別に理由がないのに外に出なくていいと思います。外出したら何かしらお金を使ってしまう人は特に要注意です。

◇「居候スキル」を極める

僕は結婚する前は7年くらい同棲していました。そして、人と一緒に住むということにストレスを感じません。

それには理由があって、留学してアメリカに住んでいたときの経験があるからです。

そこでは寮生活だったので、言葉の通じない外国人と2人きりの部屋でした。

友達でもなんでもないやつと2人きりという状態で1年間を過ごしたわけです。

それに比べると、**日本人と住むだけで言葉が通じますし、よく知っている人だと話もラクですし、同棲するなんて僕にとってはイージーモードです。**

あと、高校生のときに、友達の家に住んでいたこともありました。親が仕事でずっといないやつがいたので、そこによくたむろしたり、夏休みの間はずっと住んだりしていたんです。

大学のときも、一人暮らしをしている友達の家に、よく入り浸っていました。

それなので、「誰かと一緒に生活をする」ということには結構慣れています。

そうした、「居候スキル」があると、人生はラクです。ルール1で述べたように、「いざホームレスになったら」というときにも困りませんし、お金がなくても、安くシェアハウスに住むという選択だって取れます。

人と一緒に住めない人に多いのが、「気を遣いすぎる」ということです。人と一緒にいるから、何か一緒にやらなくてはいけないと思い込んでいるわけです。

別に一緒にいるからといって、一緒に何かをしなければならないというわけではありません。

「ああ、本読んでいるのなら、僕はゲームしとこう」といって、お互いやりたいことをやればいいんです。

また、ここでも僕は「お金で解決しない」というルールを徹底していて、普通の人だったら、「泊めてもらったから、じゃあご飯をおごる」ということをすると思うのですが、絶対にそれはしません。まあ、掃除したり、料理作ったり、時間をかけることはやったほうがいいと思いますけどね。

もし、「飯おごってくれないんだったら泊めないよ」と言われたら、その人は友達ではないということです。

◇「言えないストレス」は溜めない

僕は基本的に友達には気を遣いません。というより、**気を遣わないでいられる人が友達です。**気を遣わないことが苦痛に思われるのであれば、「ごめんなさい」と言ってさっさと縁を切ってくれたほうがいいわけです。

でも、万人に好かれようとする人がいますが、好かれようとすると気を遣いますよね。万人に好かれることは絶対にできません。

僕は、自分のことを嫌いになる人は、必ず一定数、存在すると思っています。**そういう人は遅かれ早かれいつか嫌いに思われるので、早めに切ったほうが時間も使わなくていいんです。**

あと、ケンカしたことのある人のほうが仲良くなれるので、「僕はこれがイヤだ」ということがあれば明確に言っておいたほうがいいです。つまり、好き嫌いのラインを作っておくということです。

そうすると、「ここまでは言っちゃいけない。ここまではオッケーだ」ということがわかりますし、初めはケンカしても、そのラインがお互いわかっちゃえば、その後の関係はとてもラクになります。

言いたいことを言えないストレスは面倒ですからね。さっさと「イヤだ」と主張して揉めてしまえば、その後はすぐに仲良くなれるはずです。

ポイント

- **自分にごほうびは「損失」**
- **お金を使う環境に行かない**
- **人間関係にお金を持ち込まない**

ルール

18/21

「払いたくない支出」を明確にする

◇「最安値」から上げていく

「これにお金は使いたくないな」という気持ちが湧いたら、それは徹底的に貫く努力をしたほうがいいです。

僕の場合、家賃と交通費にはお金を使いたくありません。

たとえば家を探すとき、どういう基準で探すでしょうか。多くの人は、「日当たりがいい」「おしゃれな内装」という条件を決めて探していくと思います。

けれど、僕は住みたい地域を決めたら、そこでいちばん安い物件を見に行きます。そこがダメだと思えば、その次に安い物件を見に行きます。**それをずっと繰り返して満足できたところに住むのです。**

「家賃にはお金を払いたくない」とルールで決めているので、その手間は惜しまないということです。

住む場所は、職場に近ければ近いほどいいという条件で決めます。そうすると、交通費をかけなくていいですし、自転車でだいたいのところには行くことができます。

僕は今、パリに住んでいるのですが、パリは山手線の内側ぐらいのサイズで、坂も少ないので、端から端まで自転車で20分くらいで行けちゃいます。

年間に、45ユーロ（約5000円）を払うと、レンタル自転車が使い放題なので、好きなときに乗って、好きなところで乗り捨てるということができます。だから、所有しなくてもすみます。

日本に住んでいたときもだいたい自転車での移動でした。新宿に住んでいたときは渋谷くらいなら自転車で行っていましたし、仕事の打ち合わせも新宿や渋谷ですませていました。

タクシーに乗ることもほとんどなくて、飛行機に間に合わないときくらい緊急性が高ければ乗りますが、それ以外に「ちょっとラクだから」という精神的な理由では、絶対に使いません。

◇飛行機に「乗っているだけ」で20万円もらえる

部屋選びの場合、もちろん、「できれば、広いほうがいい」「快適なところがいい」「静かなところがいい」と思うのはわかります。

ただ、「**それを我慢したら、その額だけもらえる**」という考え方ができると、実は結構そっちのほうがトクじゃないかなと思うわけです。

たとえば僕は、飛行機のビジネスクラスに自分でお金を払って乗ったことがありません。

日本からシンガポールに行くとして、エコノミーで10万円かかるとすると、ビジネスクラスであれば30万円くらいかかります。飛行時間はだいたい6時間くらいです。

そうすると、「エコノミークラスに6時間座っているだけで20万円がもらえる」というように解釈します。

なので、エコノミーに乗っているだけでも、「何かすごくトクをした」という気分になれます。

単に、「エコノミークラスに乗って行きました」というのではなくて、**ビジネスク**

ラスがあるおかげで、すごくハッピーな気分でエコノミークラスに乗れるわけです。

これも、「精神的な満足のためにお金を払わない」ということです。ちょっとゆったりした空間に6時間いられる、というのは精神的な快楽にすぎませんからね。

このように、「少しの我慢で極力安くする努力」は絶対にしておいたほうがいいのです。

僕の場合、旅行が好きなので、旅行にお金を使うことはOKにしているのですが、それでも安くすませることは考えます。

たとえば、民泊の Airbnb も使ったことがあります。けれど、何だかんだいって、ホテルのほうが安くあがることが多かったので、今はホテルの利用がほとんどです。あと、Airbnb の場合、行ったら家主がいなくて、1日潰れたりしたこともありました。そういう面倒は回避したほうがトクですが、とにかく盲目的《もうもくてき》にお金を使うことはやめたほうがいいということです。

◇「感覚値」を下げられるようにする

僕は、感覚値を下げる訓練というのをよくやります。

たとえば、痛い思いをしたときに、歯の間から息を吸ったりすることがあると思いますが、それに近い感じです。

それを応用して、「お腹が空いた」などの欲求のレベルをある程度おさえるようにしています。

おそらく、多かれ少なかれ全員がやっていることだとは思うのですが、**ちゃんと手段として持っておくと、自分をコントロールできるので便利です。**

そうすると、僕は外にいるときに「お腹が空いたから外食しよう」と思うことなく家に帰ることができます。

食欲の話に関連させて、身につけておいたほうがいいスキルが2つあるので最後に紹介しておきます。

ひとつは、「**料理がうまくなること**」と、もうひとつは、「**なんでも食べられるようになること**」です。どっちも大事ということではなく、どちらか一方だけでいいと思います。

ルール5の「まずいものをなくす」という話でも述べたように、僕は後者の「なんでも食べられるようになること」を選びました。

大学生のときに、大根を買ってきて「生で食べる」「レンジにかけて食べる」「しょう油をかけて食べる」などをいろいろと試しました。

いざとなればなんでも食べられるというのは、「ホームレスになる覚悟」や「根拠のない自信」など、これまで述べてきた話にもつながってくると思いますから、バカにできないスキルだと思います。

ポイント

- **払いたくない気持ちを誤魔化さない**
- **少しの我慢で極力安く**
- **欲求を和らげる訓練をする**

ルール

19/21

「元をとること」を考える

◇モノは「調べつくして」から買え

僕は今、パリでずっとダラダラして映画を観て過ごしています。

2日に1回は映画館に行っていて、奥さんと2人で500ユーロ（約6万円）の年間パスを買っているので、その元をとるべくしてひたすら映画を観ています。

ルール15で「時給換算の話」をしましたが、「元をとる」ということも習慣として身につけましょう。

基本的に僕には物欲がないのですが、まったく無欲ということではなく、たまにはほしいものが出てきます。

パリでは自転車で移動をしているのですが、ちょっと高いものを買ってみようかと思ったことがあります。

ほしいものをいろいろと調べるのは好きなことです。ただ、調べているうちに一番いいやつの値段を知って、その機能などを見ていくうちに、**「これは、この額を払う意味があるのか？」という結論に行き着いて、結局は「買わない」という選択をすることがほとんどです**。

高い自転車も結局、「高いのを無理に買わなくても、今まで暮らせてるしな」というところに落ち着きました。

ほしいからこそ、ちゃんと調べるとほしくなくなるというのは、皮肉なようですが、結構こうしたことをやらずに衝動的に買い物をしてしまう人が多すぎるのではないかと思っています。

広告や宣伝は、その「考える時間」を与えてくれないですよね。

でも、賢く生きるためには冷静になる時間をちゃんと作るべきだと思います。

◇高いものは「ダメージ」もでかい

自転車だけでなく、腕時計も高いものを買ってみようと思って、いろいろと調べたことがあります。

機械式の腕時計はさまざまなファッションブランドが作っています。けれど、部品レベルからちゃんと機械式の時計を作るメーカーは7つしかありません。ロレックスやオメガなどです。

ロレックスとオメガは知られすぎているから持っていてもおもしろくないと思い、ジャガー・ルクルトというメーカーに興味をもちました。

そこは手巻きの機械式時計を作っていて、だいたい手巻きだと3日に1回巻かないといけないのですが、ジャガー・ルクルトは1週間に1回巻くだけでいいというものを出していました。

それだったらいいなと思ったのですが、当時で200万円くらいの値段で、「さて、200万円で時間を知ってどうするんだ?」と冷静になって、これも結局は買いませんでした。

とにかく、調べること自体は好きで、納得するまで時間は惜しみなく注ぎ込むのですが、ほとんどが「必要ない」という事実に行き着いてしまいます。

それに、200万円の時計を腕に巻くことの優越感みたいなものはあるかもしれないのですが、**万が一、落としたり傷つけたりしてしまったら、そのダメージはかなり大きい**と思います。

ここでもルール14で紹介をした「最悪シミュレーション」をするのですが、やはり高いものを買うときは、それくらいすべきだと思います。

◇モノの「機能」に注目する

僕が最後に買った腕時計は、高校生のときに買ったカシオの「プロトレック」です。

「Gショック」はとても有名なシリーズだと思うのですが、それの一歩前のプロトタイプです。

「プロトレック」は全然有名にならなかったのですが、気圧や高度、温度が測れて、水圧にも耐えられる丈夫な時計のはしりでした。

その「機能」の部分が僕はとても好きだったんです。

それ以降、僕の知る限り「機能として優れている時計」というのは現れていません。光発電や電波時計などで精度が高いものは作られているのですが、**「この時計じゃないと絶対に手に入らない情報をくれる」というレベルのものまでは、しばらく見たことがありません。**

だから、時計は僕の中で「プロトレック」が完成型なので、時計としての価値はそこで止まっています。

まあ、世の中にはいろいろな時計があると思いますし、反論する人はたくさんいると思うのですがね。

◇高いものの「知識」は手に入れる

「ほしい」という欲望は、おそらく人間であればどんなものに対しても持ち続けているものだと思います。なので、それを否定しているわけではありません。

ただ、それを満たしはじめると、永遠に埋まらないと思っているだけです。

たとえば、「ファミリー用のマンションを3000万円で買った」となっても、「もう少し都心のほうがいい」という欲は絶対に出てくるわけです。

それを満たし続けた人とそうでない人で、得られるものの差はそこまでないような気がしています。

ただ、「知識として手に入れる」ということだってできるはずです。

たとえば、**1000万円のレクサスに乗りたいのであれば試乗してみればいいし、高い腕時計であればお店で腕に巻いてみればいい。**

そうすると、「ああ、だいたいこんな感じなのか」という知識が得られます。

その体験をしないで、「いいな」と思っているだけなのは、実は何の意味もないことだと思います。

◎2000万円をかけずに「宇宙体験」

体験そのものも大事ですが、これまでの体験でシミュレーションするということも僕はよくやることです。

「宇宙空間に行ったらどんな感じなのか」というのは、ヴァージン・ギャラクティックという宇宙ツアーだと2000万円もかかります。

もう少し安くなれば行ってみてもいいのですが、僕はシミュレーションしすぎてだいたいわかった気になっています。

自分の体に起こる変化は、「無風で風圧を感じないスカイダイビングの感じ」と「プラネタリウムの光景」を組み合わせればイメージができます。

あと、国際宇宙ステーションの模型をテキサスのジョンソンスペースセンターで見ていたり、宇宙飛行士に取材で話を聞いたりしたので、イメージのパーツは手に入れているわけです。

宇宙飛行士の向井千秋《むかいちあき》さんの話で印象的だったのが、「地球に戻ってきたばかりの頃は、物を落とすことがおもしろかった」ということです。

カバンをわざと手から放して自然に落ちることが、地面にくっつくように見えるらしいのです。

そこまでの体験であれば実際に宇宙に行ってみたいなと思うのですが、長期間滞在しないとそれほどの状態にはなれないようです。

「これが重力か！」というくらいのインパクトは、2000万円のツアーでは得られないでしょうね。だから、「元はとれない」という結論なのです。

ポイント

- 買うまでに時間を置く
- 商品は機能で選ぶ
- お試し体験で知識を得る

ルール

20/21 買い物は「思想」と「機能」に分ける

◇思想とは「愛情」のこと

世の中の人は、「機能」か「思想」にお金を払います。「機能」というのは、ルール19の時計の話でも述べたように、便利さのことです。

モノは基本的にどんどん便利になっていると思うのですが、企業は常に新しい商品を出して消費してもらわないといけないわけですから、必ずしも新機能が毎回ついてくるわけではありません。

企業は、ちょっとしたモデルチェンジやデザインが変わっただけでも、あたかも新しくなったかのように宣伝をするものです。

なので、ちゃんとそれを見抜くために、徹底的に調べる必要があるということをルール19で説明しました。

さて、ここではもうひとつの「思想」について話をしたいと思います。

スマホを持っている人であれば、iPhoneかアンドロイドのどちらかに分かれるかと思うのですが、アンドロイドケータイを使っている人で、「グーグルが好き」「アンドロイドOSの思想が好き」と言っている人はあまりいません。「単純に安いから」といった理由で買っているだけなので、特に思い入れなどがないわけです。

ただ、Gメールを使っている人で、「グーグルの思想が好き」という人は見かけることがあります。

つまり、**この両者は同じ「グーグルのサービスユーザー」でありながら、実態は全然異なるわけです**。

思想というと高尚《こうしょう》なイメージがあるかもしれませんが、要するに「愛情があるか」ということです。

◇「存続してほしい」という思い

動画サービスとして、YouTubeとニコニコ動画を比べてみましょう。

機能において、ニコ動はYouTubeに勝てません。

グーグルが莫大《ばくだい》なお金を使って開発費もサーバー費も投入しているので、その差は開く一方です。そうなると、ニコニコ動画としては「思想」の部分、つまり「愛情」で勝負するしかありません。

雑誌を例に説明すると、AKB48がよく出る雑誌があれば、はじめはAKB目当てで読んでいたのが、そのうち、「AKBをたくさん取り上げてくれる『この雑誌』が好きだ」ということに変わっていきます。

つまり、**ロイヤリティの移転が起こるわけです**。

ニコニコ動画の場合も、こうしたユーザーたちが集まっています。さらに、自分に似通ったユーザーがいるからコミュニティ性を感じるということもあるでしょう。

他にも、「はてな」であれば、エンジニアの人が集まりやすい傾向があります。エンジニアが考えそうなことをエンジニアが書いていて、だからエンジニアが共感しやすいわけです。

そこにいると、その場所自体に愛着が移るので、だからその場所の存続のために「お金を払ったほうがいい」という選択をとるのです。

そうした場合、今のニコニコ動画は思想性が薄くなっているので、アドバンテージが低くなっています。

生放送や企業の公式動画は、すでにYouTubeが手を付けています。

ニコニコ動画の側から「これがおもしろいですよ」ということを押し出せば共感する人が集まると思うのですが、そうなっていません。

なので、機能でも勝てないし、愛情を増やすこともできていないのが現実なのです。

あと、コンテンツの仕入れの価格差というのがあって、「アニメの一挙放送」は、ニコニコ動画がはじめたことなのですが、最近はアベマTVなどもマネしています。

そうして価格競争が起こっているので、ニコニコ動画がそんなにトクしなくなっているんですよね。まあ、ニコ動の内部のことは分かりませんので、外から見て明らかなことだけを書いているのですが。

◇僕の特殊な金銭感覚

ここまでは他の人にも共感してもらえることを中心に書きましたが、おそらく僕は特殊な感覚なのだろうと自覚はしています。

たとえば、僕は音楽をほとんど聴きません。ダウンロードも含めてお金を払ったことはほとんどありません。

そもそも音楽をかける習慣がなくて、ラジオであればつまらなくても新しい情報が入ってくるからまだいいかなと思うのですが、自分で音楽をかけるということは同じ音を流していることですから、同じ音を何度も聴きたいとは思わないわけです。

街を歩いているときも、イヤフォンで音楽を聴くくらいだったら、街の人の話を聞いたほうがおもしろいと僕は思っています。まあ、ほとんど賛同されないでしょうけどね。

「愛情」でお金を払うということも、実はほとんどしたことがありません。

覚えていることで言うと、ニュージーランドで「キウイの里親セット」というのを買ったくらいです。

里親といっても、別にキウイがもらえるわけではなくて、キウイの写真をもらって、その養育費に使われるというだけなのですが。

余談でしたが、今、自分が何にお金を払おうとしているのか、というときに考えるヒントになるでしょう。

ムダなお金は使わないほうが幸せだと思うので、その抑止力のためにも役立てていただければと思います。

ポイント

- **機能がダメなら愛着を増やせ**
- **愛着を派生させる**
- **お金を払う対象は明確にする**

ルール

21/21

「運」について考えておく

◇自分の「ギャンブル運」を信じない

「悪い状況の中からうまくいくことがおもしろい」と僕は思っているのですが、これは「思考」というものが介在するときに限ります。運任せのギャンブルなどでは当てはまりません。

僕はなんとなく運がいいほうだと思っているのですが、ギャンブル運だけは絶対にない自覚があります。だから、ギャンブルは絶対にしません。

まあ、ラスベガスなどに行ったら、少額を張るくらいはしますが、のめり込むようにやることはありません。

というのも、初めてカジノに行ったらクーポンがもらえるので、5ドル賭けると5ドル分がプラスされることがあります。

それだと、たとえばブラックジャックだと勝率は90％くらいなので、5ドルを賭けて、もう5ドルがついてくると勝率は180％くらいになります。

そのように、**計算して絶対に勝てるものだけをやるようにしています。**

しかも、ブラックジャックはカジノゲームの中で唯一、ちゃんと計算をすると勝率が100％を超えるようになっています。ダブルやスプリットというルールがあるときに限るので、興味があったら調べてみてください。

とにかく、何か勝負をするときに、**「期待値が100を超えるかどうか」**ということは意識しておいたほうがいいでしょう。だから、絶対にパチンコなんてものにハマってはいけません。

以前にパチンコ依存者と対談をしたことがありますが、「頭ではわかっているけど、麻痺《まひ》してしまう」ということを言っていました。そもそも、僕はパチンコ自体がそこまでおもしろいと感じなかったのですが、「おもしろそう」程度で始めてしまうと、後に引けなくなるのかもしれませんね。

バカなことをやるときは、「自分はバカなことをしている」という自覚がないと、危険だと思います。

◇「強運な人」はいるっちゃいる

基本的に非科学的な運は信用しませんが、世の中にはおかしな運を持っている人はいますよね。

以前に、知り合いとシンガポールのカジノに行ったことがあるのですが、その知り合いがルーレットの赤と黒を11回連続で当てたことがあります。

二択の11乗だから、0・048828125%というありえない確率です。

あと、芸能界にはギャンブラーが多い印象があります。普通に計算したら成り立たないような世界で成功している人がいますからね。まあ、考えることが好きな人にとっては、計算できない運で勝負することは控えておいたほうがいいと思います。

ポイント

- 考えてうまくいくのが面白い
- 計算して勝てるものだけ勝負する
- 強運な人に惑わされない

終 章

二極化の未来に備えよう

◇仕事が奪われる前にすべきこと

さて、ここまで21個の「ルール」を紹介してきました。

もしかしたら、すぐに受け入れられないものもあったと思いますが、参考のひとつにしていただきたいなと思います。

ルール1の「仮説の話」で、コンピュータにできない思考について述べたのですが、そこに関連させて「未来のこと」について最後に述べておきたいなと思います。

まず、これから先、日本の失業率はものすごく上がっていくことでしょう。そして、スキルのない人が苦労する時代になっていくと思います。

・スキルを身につけてお金を稼いで幸せを目指すか

・お金がなくても工夫して幸せを目指すか

その二択に分かれていくのです。

どちらがいいかという話ではなく、どちらであっても「考え方」次第で軸をちゃんと決めて自分を正当化することが大事です。

つまり、「物理的な自分」と「頭の中の自分」を一致させるということです。

それができないと、お金の有無にかかわらず、不幸な人生が待っていることになります。

今、人間の仕事がコンピュータに置き換わるかもしれないということが叫ばれています。そこで必要なスキルがいったい何なのか。それはこれから先、変わり続けていくと思うので、「○○をしなさい」ということは一概に言えません。

けれど、ひとつだけやっておくべきことがあるので、それについて説明しようと思います。

スキルを手に入れるときに大事なのは、スキルそのものよりも、そのスキルを手に入れる能力のほうです。

英語が話せることや、プログラミングができることが大事なのではなく、英会話やプログラミングの体系的な知識をどのように手に入れるかがわかることのほうが大事なのです。

つまり、「**スキルを得るためのスキル**」です。

ひとつのスキルがダメになったときに、次に別のスキルを素速く身につけられるかどうかということです。


受験勉強は、受験勉強そのもので覚えたことはあまり役には立っていないと思うのですが、役に立たないものを無理に覚える能力というのは重要です。

それなので、僕は受験勉強については賛成派です。あの当時は、「こんなことをやって何の意味があるんだ？」と思っていましたがね。

「意味がないことをやる」ということが重要であるというのに気づくのには、少し時間がかかるものです。

◇僕が「学歴」を見る理由

受験勉強をちゃんとやっていると、勉強する時間さえあれば、普通の人が受かるペーパーテストはほぼ受かるだろうという自信がつきます。

参考書を見ながらやったら、基本は誰でも受かるわけです。

そうすると、その参考書に書いてある内容はいつでも身につけることができます。参考書に書いてあることが理解できるスキルさえ手に入れれば、あとは万能ということです。

だから僕はわりと人の「学歴」を見ます。**学歴が低いからダメということではなく、その背景として受験勉強をやってくれていることは、ある程度、その人の担保になります。**

偏差値がそこそこの学校に行っている人であれば、少なくとも参考書を理解する能力を持っている証明にはなるわけです。

そういう人は、「理不尽耐性」も高いですしね。

ただ、理不尽耐性は低いけど、頭がいいから偏差値が高いという人も一定数います。

それに、大学で判断をすると幅が広い気がするので、高校の偏差値のほうが参考になるかもしれません。

頭がよくても経済状況で大学に行けない人もいますしね。

都会だと、お金をかけて塾に行かせてもらい、それでいい高校へ入った人もいるとは思うのですが、地方だとあまりそういうことがありません。

経験上、地方出身で偏差値のいい高校に通っていた人は、わりと地頭がいい率が高いと思います。

ただ、必ずしも学歴だけで判断するということではなく、たとえば履歴書でいうと、「文体」というのも見るべきポイントです。

文章を読んでいて、なんとなく「おもしろそうな人」というのが大事です。一緒に働くのは、おもしろい人じゃないとつらいですからね。

僕のいう「おもしろい」というのは、お笑いの能力ではなくて、主観的なおもしろさです。なので、相性があることなので、一概に「全員にとっておもしろい人」というわけではありません。

履歴書は自分を説明するために書くので、「相手がこういうことに興味を持つだろう」という想定をして書いている人と、とりあえずできることを並べて書く人では、頭のよさがそこでハッキリと明らかになってしまいますよね。

ここで僕が説明しているのは、別に就活生や学生に向けているわけではなく、社会人全員にも当てはまる話です。

営業や会議も、広く見ると自分の「プレゼン」なのですから、例として履歴書というのがわかりやすいと思って話を進めます。

できることを履歴書にとりあえず並べて書く人というのは転職率が高いです。

資格をたくさん持っていると、たぶん優秀な人だとは思うのですが、**相手の求めるものを出すという「広義のコミュニケーション能力」がうまくないわけです。**

結局、会社で嫌われたりして、次の職場に移ってしまうんですよね。

なので、なまじ資格が多い人を僕は警戒します。

たとえば、最初に入った会社で超優秀だったりすると、資格をとるヒマなんてなくて、ずっと仕事をするはずです。

資格をとっている時点で、重要な仕事をしていなかったり、社内で仕事ができない人という印象があるのではないかと疑いたくなるのです。

エンジニア系の資格はたくさんありますが、優秀なエンジニアでそういった資格を持っている人はいません。

自分が無能だと言っているのと同じですからね。

◇スキルがない人の生存戦略

最初の話に戻ると、これから失業率が上がっていきます。「スキルを得るスキルがある人」と「そうじゃない人」に分かれるわけです。

もし自分が後者かもしれないならば、手っ取り早く、「料理」を覚えたほうがいいと思います。

自分で料理をすると、「プラスアルファとして何か加えてみよう」「あの料理がこんなふうに味が変わるのか」という試行錯誤の連続であることに気づくはずです。

これは、ここまで述べてきた「遊び」のスキルと同じですし、仕事もその延長上にあることです。

あと、何を食べるかを「自分で決める」というのは、案外バカにできないことだと思います。

人間の体やエネルギーは、食べたものから作られます。人間の血液の中には、カドミウムや銅など、毒物である鉱物が微量に入っています。

どの成分が人間にとって本当に必要なのか、何が本当は必要じゃないのかが、実はあまりよくわかっていないという事実があります。

なので、とりあえずいろいろなものを試しに食べているほうが、可能性として健康でいられる確率が高いわけです。

ルール12でも紹介した、『サピエンス全史』によれば、狩猟民族だった時代の人類は、60歳ぐらいまで生きていたらしいです。それが農耕民族になると、だいたい死ぬのが40代の後半にまで短くなったのです。

狩猟民族のほうが実は長生きだったのは、いろいろな木の実も食べるし、麦が不作だったら、他の植物を食べていたからのようです。

それが農耕民族になると穀物を作りはじめるのですが、それが不作になると、途端に餓死《がし》をするようになります。あと、栄養素も偏っていきます。

なので、**いろいろなものを食べていたほうが人生はトクなのです。**

しかし、いろいろなものを食べるには、「自分で買って作る」ということをしないとなかなかできないですよね。

僕はスーパーに行くと、見たこともない野菜や果物を見たら必ず買うようにしています。まあ、「好奇心をすぐに満たす」というルールにも則っているんですがね。

◇「雑食」のすすめ

たまに外国に行くと、本当に見たこともない、よくわからない食材があります。食べてみて自分に合わなかったら、もう食べなくてもいいと思うのですが、まずは一度食べたほうがいい。

うつ病の人は、脳内のセロトニンが足りないという説があります。あるいは、何かしらの栄養欠乏によって起こるらしいです。

そうすると、僕はそもそも自分の能力が限られていると思っているので、その上、栄養素が足りていないとなると、能力値が下がって不利になるわけです。

なので、**栄養素の問題に関してはすべてクリアしておいたほうが能力値は高くなる**と思っています。

何の栄養素が足りないかがわからないのであれば、手当たり次第、片っ端からとりあえず食べておけばなんとかなるはずです。

説明が長くなりましたが、そういった理由からも、「料理をする」という選択肢をとらないと偏食になってしまいます。

現代人だと多くの人ができていないと思いますが、動物は自分に足りない栄養素のものを自然に食べます。

人間の赤ちゃんもそれをやります。

ただ、調味料で味付けしたり、砂糖で甘くすることを覚えてしまってから、それが失われていきます。

なので、できるだけ自分で選ぶほうが、そういう感覚が研ぎ澄まされていくと思います。

「ああ、今日これ食べよう」と、自分の感覚を信じて食べる。

ふと、「トマトが食べたい」と思ったときは、ひょっとしたら自分の中にリコピンが足りないのかもしれません。

そういった感覚は、1日では身につかないかもしれませんが、毎日ずっと考えていると、やがて磨かれていくと思います。

◇「無意識」を磨く

僕は、自分の無意識の部分の能力に期待していることが結構あります。

たとえば、ある人と話をしたときに、「この人ってなんか合わないな」という第一印象があったとします。

でも、その人を知っていくうちに、「わりといい人だよね」というふうに変わります。

そして、さらに何年か経つと、「この人やっぱりダメだわ」となるパターンが意外と多くあります。

やはり最初の印象は大事なのだと思います。

あまりいい話ではありませんし、「第一印象で人を決めつけるのはよくない」というのは、道徳的に正しいでしょう。

けれど、**自分の今までの経験と動物的な勘を併せて判断するというのは、実はそれなりに根拠があることです。**

その「磨き方」を失敗した人もいると思います。「イケメンが好き」という思い込みで、毎回イケメンに騙されつづける人というのがそうだと思うのですが、要するに仮説を立てて検証するということをやっていないわけです。

その精度を上げることをして、自分のセンサーに自信がある人は、それを信じたほうが絶対にいいはずです。

そのためのヒントとして、ここまで紹介してきた21のルールが役に立つと思います。

「仮説を立てて、それが外れたら、見直す」ということを日常的にやっておかないと、その精度は上がりません。

結果、失敗しつづける人生を送ることになります。


失業率が上がるだけでなく、長期的に、ゲームやテレビ番組を作るなどの「人気の職業」は給料が下がっていき、面倒で誰もやりたくないような仕事は給料が上がる可能性があります。

ただ、人は生活のために仕事をしなくてはいけない状況なので、やりたくない仕事もすぐに埋まっていってしまうでしょう。

そうならないためには、国民全員に生活できるお金を配るという「ベーシックインカム」の制度が必要だと思っていて、よく僕は学者の人なんかと議論しています。

そういう仕組みがない限り、不況によって不幸を感じる人が増えていってしまうとしか思えないんですよね。

そうすると、1~2割の稼げる人たちと、8割ぐらいの誰でもできる仕事を低収入でやり続ける人たちにどんどん分かれて、その差は広がる一方です。

最後は革命になるのか、ISISのようなかたちになるのか。

いずれにしても、あまりみんなが幸せな状態にはならない結論に至るでしょう。

村社会のように原始共同社会のときは、狩りによって獲れた肉を「みんなで分ける」ということをしていました。

そして、人類はその歴史のほうが長いわけです。

年をとったら村の子どもの世話をして、その代わり、若い頃には狩りや畑に行く、ということを当たり前のようにやっていたのです。

だから、**獲れた肉、つまり収入は全員で平等に分けるということは、実は動物的に自然で普通のことだったのに、それが今、ベーシックインカムという言葉になってしまうと特殊な思想のように思われてしまいます。**

それって、ちょっとどうなのかな、と僕は思うわけです。

「私有財産」という概念自体、生まれてから時間が経っていません。江戸時代だと、すべてのものは最終的に殿さまのものだったのですからね。

共産主義ならどうなのか、という意見が出てきそうですが、本当の意味で共産主義を成立させた国は、実はありませんしね。

◇日本は「これから」どうなるのか

さて、ここまで個人の幸せについていろいろと述べてきたのですが、最後に「健康」について触れておこうと思います。

今、議論されているベーシックインカムは、医療費無制限ではありません。共産主義であるキューバは、「医療費は国が全部出す」ということになっているようです。

ただ、日本では意識を失った老人でも、とりあえず胃瘻《いろう》のようなことをして、ずっと生かし続けるのですが、そういうことはやらないみたいです。

それをやっていくと国がもたないと思うんですよね。

そうすると、「自分の健康を自分で気遣って病気にならない人」と「何も考えずに病気になって人生終了になってしまう人」に分かれる構造のほうが、社会は発展するのではないかと思います。

たとえば、65歳までだったら、医療費は全部タダでいいですが、お酒が好きで浴びるように毎日飲み続けて体がボロボロな人に66歳になってから国が医療を与えても、もうその人は社会に何のリターンも返してくれないでしょう。

それまでの人生で貯金があるのであればそのお金で治療して、貯金がないのであれば自宅でなんとか工夫してください、というシステムのほうが明確でいいと思います。

ちなみに、アメリカの医療費は非常に高いので、老人への医療に対する考え方がまったく違います。

病気になったら病気を治すために病院に行って、それが治ったら家に帰る、という効率いい考え方です。

日本であれば、なんとなく体の調子が悪くても病院に行って、そこでお金を使って、そのうち入院して病院の中で死ぬという割合が高いと思います。

昔のように、先進国と発展途上国の差がとても開いていると、先進国だけが莫大な利益をあげて、社会保障にたくさんのお金を使うことが可能だったと思うのですが、たぶんそんなことは無理になってきます。

その点からいっても、「**いかにお金をかけずに病気にならないように生活をするか**」ということがこれからのキーワードになってきますし、それは個人レベルの話だけでなく、日本が破綻する可能性にも備えなくてはいけないと僕は思います。

おわりに
——死ぬまで楽しく暮らすために

さて、そんなわけで、「おわりに」です。

ここまで、いろいろと御託を並べてみましたが、ちょっとふわっとしたことを最後に書いてみます。

おいらは、「人はなぜ生きるのか？」を考えると、「死ぬまでにできるだけ楽しく暮らすため」ってのが答えだと、今のところ思っています。

そのためには、自分が楽しいと思えるように物事を変えてしまうのも含めて、長期的に楽しいと感じることをなるべく増やして、不快に感じることをなるべく減らすのがいいと思っています。

先進国で生まれた人は、だんだん経済的に息苦しくなることが、おいらから見ると自明なので、「経済と自分の幸せを切り離せるか？」ってのが、大事なのかなぁ……、と思っています。

「先進国の経済はずっと発展するんだ！」と主張する人もいるでしょうが、10年後ぐらいにもっとわかりやすくなっていると思います。

ということで、ここまで読んでくださった方々が、ちょっとでも考え方や生き方を変えて、楽しく暮らせるようだったら、この本の価値はあったんじゃないかなぁ、と思います。

世の中、幸せに暮らしている人が多くなったほうが、まわりの人も楽しく暮らせるので、回り回って、おいらもトクするんじゃないかと思ったりします。

とはいえ、この本は編集者の種岡健さんに、直接話したことや過去のブログをまとめていただいただけなので、ちゃんと自分で書いたのは、「おわりに」だけなんですけどね。

ひろゆき

2017年6月　パリのForum des Hallesの映画館、37番ルームの待ち時間にて

文庫のためのあとがき
――人生を幸せにできるのは自分だけ

こんにちは、ひろゆきです。あとがきは自分で書くように心がけていたりはするのですが、締め切り間際にバタバタと書いていたりします。

単行本で読んで、文庫本のあとがきだけを読んでる人もいると思いますが、『無敵の思考』を読んで生活で実践出来た部分はありましたか？

新型コロナウイルス禍によって、生活や働き方が変わってしまった人も多くいると思います。リモートワークが活用されるようになり、出張が減って、ハンコも無くなって、効率を重視する考え方が一気に促進された気がします。

東京は、長い間人口が増え続けてきたのですが、コロナ禍により久しぶりに転入人口が減りました。「仕事は東京に住まなくても出来るよね」と、生活を重視する人が増えた結果だと思います。新型コロナウイルスの影響は理由として大きいと思いますが、コロナ禍がなかったとしても「人生で仕事を最優先に考えるのでいいんだっけ？」というのを立ち止まって自分に問い直すのは、多くの人にとって大事な事だと思います。

日本の平均年収が韓国の平均年収に抜かれたりと、日本は経済的に伸び悩んでいるというのは、4年前に『無敵の思考』が出版されたときよりも理解されやすくなっている気がします。みんなに合わせてると、年功序列で給料が増えて、終身雇用で安定という生活は幻想だった事がわかりやすくなりました。

そんなわけで、世間や周りが言ってることを信じても、残念ながら幸せになる確率は下がってしまってたりします。貴方が幸せに感じるものを増やして、貴方の人生を楽しくするのは、他人が出来ることではなく、貴方がやらないといけないことなのです。本書でそんな手伝いが少しでも出来たら良いですけど、どうなんですかね？

2021年3月　18時以降夜間外出禁止令の出ているパリ左岸の自宅にて

ひろゆき

本作品は小社より二〇一七年七月に刊行された
『無敵の思考 誰でもトクする人になれるコスパ最強の
ルール21』を再編集して文庫化したものです。

ひろゆき
本名：西村博之。
1976年、神奈川県生まれ。東京都に移り、中央大学へと進学。在学中に、アメリカ・アーカンソー州に留学。1999年、インターネットの匿名掲示板「2ちゃんねる」を開設し、管理人になる。2005年、株式会社ニワンゴ（現・株式会社ドワンゴ）の取締役管理人に就任し、「ニコニコ動画」を開始。2009年に「2ちゃんねる」の譲渡を発表。2015年、英語圏最大の匿名掲示板「4chan」の管理人に。2019年、「ペンギン村」をリリース。
著書に『叩かれるから今まで黙っておいた「世の中の真実」』（三笠書房）、『1%の努力』（ダイヤモンド社）、『働き方 完全無双』（大和書房）などがある。

だいわ文庫

無敵《むてき》の思考《しこう》

著者　ひろゆき

二〇二一年四月一五日第一刷発行
二〇二一年七月二〇日第五刷発行

発行者　佐藤 靖
発行所　大和《だいわ》書房
東京都文京区関口一―三三―四 〒一一二―〇〇一四
電話 〇三―三二〇三―四五一一

フォーマットデザイン　鈴木成一デザイン室
カバーデザイン　井上新八
本文デザイン　松好那名（matt's work）
撮影　榊智朗
本文印刷　信毎書籍印刷
カバー印刷　山一印刷
製本　ナショナル製本

ISBN978-4-479-30862-1
乱丁本・落丁本はお取り替えいたします。
http://www.daiwashobo.co.jp